CORTE SUPREMA, AGIR ESTRATÉGICO E AUTORIDADE CONSTITUCIONAL COMPARTILHADA

CLÈMERSON MERLIN CLÈVE
BRUNO MENESES LORENZETTO

CORTE SUPREMA, AGIR ESTRATÉGICO E AUTORIDADE CONSTITUCIONAL COMPARTILHADA

Belo Horizonte

FÓRUM
CONHECIMENTO JURÍDICO

2021

© 2021 Editora Fórum Ltda.

É proibida a reprodução total ou parcial desta obra, por qualquer meio eletrônico, inclusive por processos xerográficos, sem autorização expressa do Editor.

Conselho Editorial

Adilson Abreu Dallari
Alécia Paolucci Nogueira Bicalho
Alexandre Coutinho Pagliarini
André Ramos Tavares
Carlos Ayres Britto
Carlos Mário da Silva Velloso
Cármen Lúcia Antunes Rocha
Cesar Augusto Guimarães Pereira
Clovis Beznos
Cristiana Fortini
Dinorá Adelaide Musetti Grotti
Diogo de Figueiredo Moreira Neto (*in memoriam*)
Egon Bockmann Moreira
Emerson Gabardo
Fabrício Motta
Fernando Rossi
Flávio Henrique Unes Pereira

Floriano de Azevedo Marques Neto
Gustavo Justino de Oliveira
Inês Virgínia Prado Soares
Jorge Ulisses Jacoby Fernandes
Juarez Freitas
Luciano Ferraz
Lúcio Delfino
Marcia Carla Pereira Ribeiro
Márcio Cammarosano
Marcos Ehrhardt Jr.
Maria Sylvia Zanella Di Pietro
Ney José de Freitas
Oswaldo Othon de Pontes Saraiva Filho
Paulo Modesto
Romeu Felipe Bacellar Filho
Sérgio Guerra
Walber de Moura Agra

FÓRUM
CONHECIMENTO JURÍDICO

Luís Cláudio Rodrigues Ferreira
Presidente e Editor

Coordenação editorial: Leonardo Eustáquio Siqueira Araújo
Aline Sobreira de Oliveira

Av. Afonso Pena, 2770 – 15º andar – Savassi – CEP 30130-012
Belo Horizonte – Minas Gerais – Tel.: (31) 2121.4900 / 2121.4949
www.editoraforum.com.br – editoraforum@editoraforum.com.br

Técnica. Empenho. Zelo. Esses foram alguns dos cuidados aplicados na edição desta obra. No entanto, podem ocorrer erros de impressão, digitação ou mesmo restar alguma dúvida conceitual. Caso se constate algo assim, solicitamos a gentileza de nos comunicar através do *e-mail* editorial@editoraforum.com.br para que possamos esclarecer, no que couber. A sua contribuição é muito importante para mantermos a excelência editorial. A Editora Fórum agradece a sua contribuição.

C635   Clève, Clèmerson Merlin

Corte Suprema, agir estratégico e autoridade constitucional compartilhada/ Clèmerson Merlin Clève, Bruno Meneses Lorenzetto.– Belo Horizonte : Fórum, 2021.

168 p.; 14,5x21,5cm
ISBN: 978-65-5518-235-4

1. Direito Constitucional. 2. Direito Público. 3. Ciência Política. I. Lorenzetto, Bruno Meneses. II. Título.

CDD 341.2
CDU 342.9

Elaborado por Daniela Lopes Duarte - CRB-6/3500

Informação bibliográfica deste livro, conforme a NBR 6023:2018 da Associação Brasileira de Normas Técnicas (ABNT):

CLÈVE, Clèmerson Merlin; LORENZETTO, Bruno Meneses. *Corte Suprema, agir estratégico e autoridade constitucional compartilhada*. Belo Horizonte: Fórum, 2021. 168 p. ISBN 978-65-5518-235-4.

A Constitution is a standard, a pillar and a bond when it is understood, approved and beloved. But without this intelligence and attachment it might as well be a kite or balloon, flying in the air.
(John Adams)

The time is out of joint
O cursèd spite,
That ever I was born to set it right.
(Shakespeare)

SUMÁRIO

APRESENTAÇÃO
Clèmerson Merlin Clève, Bruno Meneses Lorenzetto 9

SUPREMO TRIBUNAL FEDERAL, QUESTÕES DIFÍCEIS E
GOVERNO CONSTITUCIONAL DE MAIORIA 13
1   Introdução ao tema 13
1.1   Questões difíceis 14
1.2   Governo constitucional de maioria 19
2   Suprema Corte 21
3   As teses 27
4   Controle de constitucionalidade forte 31
5   Controle de constitucionalidade fraco 32
6   Questões sensíveis 35
7   Ativismo e erro 38
8   Ativismo inevitável 40
9   Concluindo 42
        Referências 43

O SUPREMO TRIBUNAL FEDERAL E A AUTORIDADE
CONSTITUCIONAL COMPARTILHADA 49
1   Introdução 49
2   A política nos tribunais 50
3   O silêncio dos outros (poderes) 60
4   Autoridade constitucional compartilhada 67
5   Considerações finais 75
        Referências 76

CORTES CONSTITUCIONAIS COMO ATORES POLÍTICOS ESTRATÉGICOS 79
1 Introdução 79
2 Marbury e a posição do juiz em uma democracia 80
3 Tribunais constitucionais e a formulação de políticas públicas 86
4 A Corte como um ator político-estratégico 92
5 Institucionalismo e interpretação 101
6 Considerações finais 108
   Referências 109

A DEMOCRACIA CONSTITUCIONAL EM PERÍODO DE TEMPESTADE 113
1 Introdução 113
2 Conceitos de democracia e multiplicidade de soluções imaginadas 115
3 Salvar a democracia 116
4 Robustecer a democracia 121
4.1 Tratando das crises recorrentes 121
4.2 Tratando do déficit de legitimidade 128
4.2.1 Primeira 128
4.2.2 Segunda 129
4.2.3 Terceira 130
4.2.4 Quarta 130
5 Conclusão 132
   Referências 133

NOTAS SOBRE A TOLERÂNCIA: FUNDAMENTOS, DISTINÇÕES E LIMITES 137
1 Introdução 137
2 Fundamentos 140
3 Distinções 147
4 Limites 152
5 Considerações finais 159
   Referências 160

Índice onomástico 163

APRESENTAÇÃO

> *Desafortunadamente, no hay ninguna ciencia exacta disponible para resolver las tensiones entre los derechos, la democracia y el derecho. El desafío para todos aquellos que estén comprometidos con el ideal del constitucionalismo es equilibrar estos tres elementos cuando entran en conflicto. A través de la búsqueda de ese equilíbrio, aspiramos a alcanzar el umbral donde los vicios, el debilitamiento y los antagonismos mutuos se convierten en un apoyo virtuoso, fortificador y liberador.*
>
> (Carlos Santiago Nino. *La Constituición de la democracia deliberativa*)

Esta obra reúne cinco textos tratando de matérias constitucionais que desafiam interesse no momento em que o país sofre as consequências inimagináveis de uma pandemia cuja devastação foi levada ao extremo pelas ações e omissões de um governo populista. As instituições, quando não capturadas, sofrem fadiga em função do número superlativo de atos questionáveis ou cristalinamente ofensivos à Lei Fundamental providenciados todos os dias. É preciso, portanto, combater a tempestade que atinge o país. Mas é preciso, também, tratar dos temas à luz da experiência democrática, dos reclamos do Estado de direito, nos períodos de superação das preocupantes iniciativas de erosão das virtudes institucionais, de supressão continuada de direitos e de defesa da violência ou de valores amigos da discriminação e do preconceito. A resistência da sociedade civil servirá de estímulo para a resiliência das instituições nucleares do país. Sim, é necessário tempo para recuperar o terreno perdido, a dignidade e o conforto. Reclama-se, porém, alguma dose de otimismo ou esperança. A travessia penosa haverá de alcançar êxito. Ultrapassada a borrasca, não haverá tempo para o descanso. A luta cotidiana prosseguirá. Desta feita, não para salvar o que estava em perigo e remontar o que foi destruído, mas antes, para reconquistar a autenticidade do processo democrático, porque a democracia é isso, um processo, com idas e voltas, importando muito o caminhar em direção aos horizontes de aprofundamento e de continuada expansão. A democracia soma direitos aos direitos já proclamados pelo direito vigente. A cadeia se manifesta com o resgate da vitalidade da arena pública e quando o contrato social é preservado, cumprido e respeitado, inclusive, na sua dimensão convencional implícita que repele o jogo duro, reclamando *fair play*. Este, portanto, é o contexto que explica o tempo e o modo dos capítulos do livro.

Supremo Tribunal Federal, questões difíceis e governo constitucional de maioria é o título do primeiro capítulo. Trata-se de discutir o papel do Supremo no exercício da jurisdição constitucional, julgando questões sensíveis, difíceis, sem resposta nítida oferecida pelo direito, no contexto do constitucionalismo democrático. Numa sociedade aberta e plural – em que tudo, compreensivelmente, se debate ou se contesta –, indaga-se a respeito do ponto de equilíbrio para a solução da tensão entre constitucionalismo e democracia. A discussão, do ponto de vista teórico, é recorrente e as respostas apontadas, múltiplas. Imagina-se que a oferecida neste pequeno livro tenha algum sentido.

No segundo capítulo, *O Supremo Tribunal Federal e a autoridade constitucional compartilhada*, a velha questão da tensão entre jurisdição constitucional e democracia é agitada a partir de ângulo diverso. Contra os eventuais efeitos indesejados do monopólio da última palavra, é discutida a possibilidade da adoção, com os cuidados e temperamentos devidos, da ideia de autoridade constitucional compartilhada. Nessa perspectiva, a leitura do sentido da normatividade constitucional não substancia tarefa exclusiva do Judiciário, cumprindo reconhecer, também, a relevância do papel desenvolvido, nas democracias, pelos demais órgãos constitucionais.

No capítulo intitulado *Cortes constitucionais como atores políticos estratégicos*, desenvolve-se reflexão, a partir do célebre caso *Marbury v. Madison*, a respeito das possibilidades e limites do agir estratégico do juiz no momento da interpretação e aplicação de cláusula constitucional com vistas à solução de questão polêmica do ponto de vista político. Sim, o juiz, no processo decisório, pode antecipar mentalmente o modo de recepção da solução apresentada no âmbito dos outros poderes. Pode supor uma interação cooperativa, adversarial ou a resistência pura e simples. Mudará, por isso, o curso da deliberação? Qual o papel da consideração estratégica no processo deliberativo da jurisdição constitucional?

O quarto capítulo – *A democracia constitucional em período de tempestade* – cuida, em apertada síntese, das tarefas essenciais merecedoras de consideração no contexto político devastador vivenciado nos dias que correm. Cumpre preservar vidas, resguardar direitos e instituições, salvar e robustecer a democracia constitucional. Uma ou outra das medidas imaginadas, sobretudo para o fortalecimento da democracia, pode, eventualmente, entrar na agenda pública.

O último texto discorre sobre a tolerância. *Notas sobre a tolerância: fundamentos, distinções e limites* é o título do capítulo. Não são poucos os valores caros ao constitucionalismo democrático que nasceram a partir da contribuição de doutrinas tributárias do liberalismo político. Aliás, o próprio constitucionalismo é uma das heranças. O tema deste tópico é outro. E ele vem a calhar neste período em que a política tem legado desconsolo e apreensão. Custa acreditar que as expectativas antes depositadas na racionalidade, no pluralismo e na justiça tenham sido substituídas pelo temor diante do populismo, da irracionalidade, do preconceito e da ignorância. O momento enseja superação e rearranjo, demanda o apontar e nomear do que está fora de ordem.

Este é o resumo do que será encontrado nas páginas desta pequena coletânea que contou, para a sua organização, com o auxílio inestimável dos pós-graduandos Daniela Urtado e Diego Kubis Jesus. Cuida-se de obra, aliás, cuja leitura não ocupa demasiado tempo. Houve dúvidas sobre o acerto do título. Pairava no ar a lembrança do longo e canônico poema de T. S. Eliot, *Terra devastada*. Mas, no final, prevaleceu o adotado, mais próximo das temáticas desenvolvidas no livro. Os autores esperam que as achegas oferecidas possam contribuir, ainda que modestamente, para a melhor compreensão da direção da caminhada. Aliás, prosseguir a caminhada rumo à reconquista da racionalidade, ao ressurgir da democracia, à efetividade dos direitos, à superação da discriminação e dos preconceitos e à decência na vida pública é o que se postula nesta quadra da história brasileira. Lutemos por isso!

Curitiba, maio de 2021.

Clèmerson Merlin Clève
Bruno Meneses Lorenzetto

SUPREMO TRIBUNAL FEDERAL, QUESTÕES DIFÍCEIS E GOVERNO CONSTITUCIONAL DE MAIORIA

1 Introdução ao tema

Supremo Tribunal Federal, questões difíceis e governo constitucional de maioria: o título do artigo reclama o enfrentamento de alguns problemas de natureza teórica e prática. Afinal, o que são questões difíceis e o que é governo constitucional de maioria? O governo de maioria implica a compressão da tarefa jurisdicional por conta de um suposto *déficit* democrático? Como superar a *dificuldade contramajoritária*, para fazer uso da famosa expressão de Bickel?[1]

A resposta pode ser dada de modo abstrato ou exigir localização no espaço e no tempo, é dizer, diante do direito positivo, sobretudo constitucional, vigente agora neste ou naquele lugar. O governo da maioria eleitoral não se equipara à ditadura majoritária? Qual é o consenso constitucional hoje existente sobre o governo de maioria? Não deve ser, ao mesmo

---

[1] BICKEL, Alexander. *The last dangerous branch*. New Haven and London: Yale University Press, 1986.

tempo, um governo constitucional? O que implica *rule of law*, direitos fundamentais e a garantia dos direitos das minorias? Mas isto já não é suficiente para conferir à jurisdição constitucional uma configuração robusta?

É útil nesta quadra, portanto, ensaiar a delimitação de alguns conceitos.

1.1 Questões difíceis

A academia discute a configuração das, assim chamadas, questões difíceis, sobretudo depois da obra de Hart.[2] Substanciam questões que não podem ser solucionadas através de uma resposta que, à luz do direito, esteja à mão, importando, a sua solução, manejo pelo juiz de certa discricionariedade. É de amplo conhecimento o modo como Dworkin contesta esse pensamento.[3] Haveria, afinal, uma resposta correta que é oferecida pelo direito cabendo ao juiz encontrá-la? A melhor solução, a adequada solução, exige um ajustado esforço

---

[2] "[...] a textura aberta do direito significa que há, na verdade, áreas de conduta em que muitas coisas devem ser deixadas para serem desenvolvidas pelos tribunais ou pelos funcionários, os quais determinam o equilíbrio, à luz das circunstâncias, entre interesses conflituantes, que variam em peso, de caso para caso" (HART, Herbert L. A. *O conceito de direito*. Lisboa: Fundação Calouste Gulbenkian, 2007. p. 148). No posfácio: "O conflito directo mais agudo entre a teoria jurídica deste livro e a teoria de Dworkin é suscitado pela minha afirmação de que, qualquer sistema jurídico, haverá sempre certos casos juridicamente não regulados em que, relativamente a determinado ponto, nenhuma decisão em qualquer dos sentidos é ditada pelo direito e, nessa conformidade, o direito apresenta-se como parcialmente indeterminado ou incompleto" (HART, Herbert L. A. *O conceito de direito*. Lisboa: Fundação Calouste Gulbenkian, 2007. p. 335).

[3] "O positivismo jurídico fornece uma teoria dos casos difíceis. Quando uma ação judicial específica não pode ser submetida a uma regra de direito clara, estabelecida de antemão por alguma instituição, o juiz tem, segundo tal teoria, o 'poder discricionário' para decidir o caso de uma maneira ou de outra. [...] argumentei que essa teoria da decisão judicial é totalmente inadequada; [...]" (DWORKIN, Ronald M. *Levando os direitos à sério*. São Paulo: Martins Fontes, 2007. p. 127).

hermenêutico, mas pode e deve ser encontrada. A metáfora do juiz Hércules, aqui, cai como uma luva.[4]

Ora, num tempo de constitucionalidade de princípios, de recepção de valores pela Lei Fundamental que os transforma em princípios, de um direito abrigando inúmeras cláusulas gerais, plasmado em termos vagos ou ambíguos, de direitos reclamando não apenas posturas negativas, de abstenção, do Poder Público e dos particulares, mas já condutas positivas, supondo dever de cuidado, atuação fática da Administração ou normativa do estado legislador, inclusive dotação orçamentária para fazer face às obrigações constitucionais, parece nítido, neste sítio, que mais de uma solução pode ser pensada para dirimir os casos concretos complexos levados ao juiz.

Por outro lado, não convém esquecer da distinção entre *dispositivo* e *norma*, substanciando a norma o resultado da interpretação, como ensinam, entre tantos, Tarello e Guastini.[5] Sabe-se, também, que a interpretação não se opera sobre o nada, sobre o éter, mas a partir de um texto, num lugar e tempo precisos, de modo que a norma dispõe de um *programa normativo* e de um âmbito *normativo*, um recorte da realidade, ensina Müller.[6] O ato de interpretar, portanto, implica, lembra Eros Grau, tarefa de reconstrução do direito, não de construção

---

[4] "um juiz imaginário, de capacidade e paciência sobre-humanas, que aceita o direito como integridade" (DWORKIN, Ronald M. *O império do direito*. São Paulo: Martins Fontes, 2007. p. 287; DWORKIN, Ronald M. *Levando os direitos à sério*. São Paulo: Martins Fontes, 2007. p. 165).

[5] TARELLO, Giovanni. *Diritto, enunciati, usi*: studi di teoria e metateoria del diritto. Bologna: Società editrice il Mulino, 1974; GUASTINI, Riccardo. *Distinguiendo*: estúdios de teoria y metateoría del derecho. Tradução de De Jordi Ferrer Beltran. Barcelona: Gedisa, 1999; GUASTINI, Riccardo. *Das fontes às normas*. São Paulo: Quartier Latin, 2005; CASTIGNONE, Silvana; GUASTINI, Riccardo; TARELLO, Giovanni. *Introduzione teorica allo studio del diritto*. Gênova: Ecig, 1979.

[6] MÜLLER, Friedrich. *Metodologia do direito constitucional*. 4. ed. rev., atual. e ampl. São Paulo: Revista dos Tribunais, 2010.

a partir do zero.[7] Daí a importância da tradição, diz Gadamer,[8] da crítica providenciada pela academia, da doutrina e sobretudo da jurisprudência dominante e dos precedentes (não confundir jurisprudência com precedente, aquela envolve a decisão, este decorre da *ratio decidendi*), na linha do que contempla, embora não da maneira mais adequada, o CPC de 2015,[9] para a fixação de balizas e de parâmetros congruentes para a solução dos casos que são levados ao Judiciário.

É bom salientar, todavia, que a questão difícil não passa de um conceito provisório e, mais do que isto, possivelmente de transição. Isto porque há questões fáceis, aquelas que, em virtude da redação cristalina do dispositivo a ser aplicado, da reiterada leitura fixada em sólida jurisprudência ou do consenso doutrinário, que não exigem maior trabalho hermenêutico: as férias são de trinta dias, o índice da correção monetária do contrato de locação é de tantos por cento, a tarifa do transporte coletivo é x reais. Mas as questões fáceis podem se transformar em questões difíceis, diante de processos de reinterpretação, da mudança dos conceitos históricos, da tradição, da mutação das circunstâncias fáticas.

Vejam, por exemplo, as questões de gênero ou de raça. Havia um paradigma opressor aceito com naturalidade, manifestou-se um processo doloroso de transição, inaugurou-se, depois, felizmente, novo paradigma. As soluções antes

---

[7] GRAU, Eros Roberto. *Ensaio e discurso sobre a interpretação/aplicação do direito*. São Paulo: Malheiros, 2009. p. 64; GRAU, Eros Roberto. *O direito posto e o direito pressuposto*. São Paulo: Malheiros, 2008. p. 294.

[8] GADAMER, Hans-Georg. *Verdade e método*: traços fundamentais de uma hermenêutica filosófica. Tradução de Flávio Paulo Meurer. Nova revisão da tradução de Enio Paulo Giachini e Marcia Sá Cavalcante-Schuback. Petrópolis: Vozes, 2003.

[9] Art. 489, V e VI; art. 926, §2º.

automáticas, tomadas no interior de um paradigma,[10] passaram a ser questionadas, mudaram-se os conceitos, nova visão emergiu, consolidou-se com o tempo novo horizonte de significação e, portanto, nova compreensão a respeito do tema.

Mas isto pode ocorrer também por motivos políticos, as forças políticas dominantes reclamando a renovação do significado de dispositivo sobre o qual, antes, não havia dúvida quanto ao seu sentido. Apareceu, recentemente, no Supremo uma questão fácil, de solução simples, sobre a qual houve questionamento e decisão depois de muito debate. A matéria foi assunto da imprensa por dias a fio. A antiga interpretação resistiu, felizmente. Falamos aqui dos mandatos dos membros das mesas das duas casas do Congresso Nacional, referidas pelo art. 57, §4º da CF.

A Lei Fundamental proíbe a recondução para o mesmo cargo na eleição imediatamente subsequente. A vedação vale no contexto da legislatura.[11] Pretendia-se permitir a reeleição, mesmo na legislatura em curso, em função do dispositivo que, introduzido por emenda constitucional,[12] autorizou a reeleição do presidente da República. A igualdade, a simetria, reclamariam, depois da sua promulgação, ler no dispositivo, defendiam, aquilo que o dispositivo expressamente não permitia. A estratégia, mesmo com o voto favorável do relator, felizmente, não passou. Seria um caso, evidente, de ativismo *contra constitutionem*.[13]

---

[10] KUHN, Thomas S. *A estrutura das revoluções científicas*. São Paulo: Perspectiva, 2020.
[11] ADI nº 6.524/DF. Rel. Min. Gilmar Mendes, j. 15.12.2020.
[12] EC nº 16/1997 – "Dá nova redação ao §5º do art. 14, ao caput do art. 28, ao inciso II do art. 29, ao caput do art. 77 e ao art. 82 da Constituição Federal".
[13] "DIREITO CONSTITUCIONAL. SEPARAÇÃO DOS PODERES (ART. 2º, CF/88). PODER LEGISLATIVO. AUTONOMIA ORGANIZACIONAL. CÂMARA DOS DEPUTADOS. SENADO FEDERAL. REELEIÇÃO DE MEMBRO DA MESA (ART. 57, §4º, CF/88). REGIMENTO INTERNO. INTERPRETAÇÃO CONFORME

A situação é idêntica em relação ao recente mandado de segurança com correta liminar deferida pelo Ministro Barroso e referendada pelo Pleno contra o presidente do Senado Federal, que deixou de instalar a CPI da pandemia, contrariando a jurisprudência da Corte, o contido no art. 58, §3º da CF e o direito de oposição da minoria. O ministro relator foi acusado pelo presidente da República de atuação ativista e de interferência indevida em outro poder. O caso, fácil do ponto de vista jurídico, decidido corretamente, com referenda do colegiado, repita-se, causou controvérsia desnecessária e debate impertinente.[14]

À CONSTITUIÇÃO. 1. O constitucionalismo moderno reconhece aos Parlamentos a prerrogativa de dispor sobre sua conformação organizacional, condição necessária para a garantia da autonomia da instituição legislativa e do pleno exercício de suas competências finalísticas. 2. Em consonância com o direito comparado – e com o princípio da separação dos poderes – o constitucionalismo brasileiro, excetuando-se os conhecidos interregnos autoritários, destinou ao Poder Legislativo larga autonomia institucional, sendo de nossa tradição a prática de reeleição (recondução) sucessiva para cargo da Mesa Diretora. Descontinuidade dessa prática parlamentar com o Ato Institucional n. 16, de 14 de outubro de 1969 e, em seguida, pela Emenda Constitucional n. 1, de 17 de outubro de 1969 – ambas medidas situadas no bojo do ciclo de repressão inaugurado pelo Ato Institucional n. 5, de 1968, cuja tônica foi a institucionalização do controle repressivo sobre a sociedade civil e sobre todos os órgãos públicos, nisso incluídos os Poderes Legislativo e Judiciário. 3. Ação Direta em que se pede para que a Câmara dos Deputados e o Senado Federal sejam proibidos de empreender qualquer interpretação de texto regimental (art. 5º, caput e §1º, RICD; art. 59, RISF) diversa daquela que proíbe a recondução de Membro da Mesa (e para qualquer outro cargo da Mesa) na eleição imediatamente subsequente (seja na mesma ou em outra legislatura); ao fundamento de assim o exigir o art. 57, §4º, da Constituição de 1988. Pedido de interpretação conforme à Constituição cujo provimento total dar-se-ia ao custo de se introduzir, na ordem constitucional vigente, a normatividade do art. 30, parágrafo único, 'h', da Emenda Constitucional 1/1969. 4. Ação Direta conhecida, com julgamento parcialmente procedente do pedido. Compreensão da maioria no sentido de que o art. 57, §4º, da Constituição Federal de 1988 requer interpretação do art. 5º, caput e §1º, do RICD, e o art. 59, RISF, que assente a impossibilidade de recondução de Membro da Mesa para o mesmo cargo, na eleição imediatamente subsequente, que ocorre no início do terceiro ano da legislatura. Também por maioria, o Tribunal reafirmou jurisprudência que pontifica que a vedação em referência não tem lugar em caso de nova legislatura, situação em que se constitui Congresso novo" (ADI nº 6.524. Rel. Min. Gilmar Mendes, Tribunal Pleno, j. 15.12.2020. DJe-062, div. 5.4.2021, pub. 6.4.2021).

[14] Mandado de Segurança/DF nº 37.760. Rel. Min. Roberto Barroso, j. 14.4.2021.

Há juristas que negam a utilidade da distinção.[15] Tomada, porém, de modo correto e cuidadoso ela faz todo sentido. É porque há questões fáceis, com soluções à vista, por vezes anteriores ao caso dado, que se fala no uso potencial da inteligência artificial no mundo do direito. Se o sentido da norma está dado, se os fatos são repetidos e a prova não depende de elaborada produção, sendo pré-constituída, por exemplo, não há muito o que discutir.

O contrário também é verdadeiro. O *hard case* pode, depois da reiteração da jurisprudência, da definição de precedentes, do consenso doutrinário, da definição de parâmetros racionais para a decisão, da consolidação de novo horizonte compreensivo, transitar para a condição oposta. O ônus argumentativo passa a ser daqueles que queriam superar a decisão que, então, se torna paradigmática.

1.2 Governo constitucional de maioria

Por governo de maioria, está-se a falar de direção política em sede de democracia constitucional, que governa, sim, mas respeitando os termos da normativa constitucional, os direitos fundamentais e as minorias.

Ao contrário do que pensa o presidente de República, que se mostra irresignado com os muros de contenção erigidos pela normativa constitucional, sentindo manietada a sua vontade de arbítrio, o governo de maioria não pode tudo. A democracia constitucional, seja ela deliberativa ou simplesmente representativa, não prescinde da existência de limites. A vitória eleitoral, conforme se sabe, não significa a entrega

---

[15] STRECK, Lenio Luiz. *Verdade e consenso*: Constituição, hermenêutica e teorias discursivas. São Paulo: Saraiva, 2011. p. 296.

de um cheque em branco, a outorga de uma procuração com poderes totais.

Convém reiterar isso porque, experimenta-se, no Brasil, espécie de sobressalto contínuo, de tensão permanente, por conta da visão voluntarista, equivocada e ignorante, de quem exerce o poder sem respeitar as regras do jogo. O fato é que se os tolos têm certezas, aos sábios sobram dúvidas, diz o ditado. E isso, em particular na quadra histórica presente, é um sério problema. Vive-se época de experimentos passadistas, de práticas iliberais, de legitimação eleitoral autoritária e de constitucionalismo abusivo[16] que desafiam o fortalecimento das iniciativas defensivas, da democracia militante,[17] da proteção intransigente do Estado de direito, da herança liberal igualitária, da Constituição emancipatória e da democracia com justiça social.[18]

---

[16] LANDAU, David. Abusive constitutionalism. *UCDL Rev.*, v. 47, 2013. p. 189.

[17] "If democracy is convinced that it has not yet fulfilled its destination, it must fight on its own plane a technique which serves only the purpose of power. Democracy must become militant" (LOEWENSTEIN, Karl. Militant democracy and fundamental rights, I. *The American Political Science Review*, v. 31, n. 3, p. 417-432, 1937; THIEL, Markus (Ed.). *The 'militant democracy' principle in modern democracies*. Londres: Routledge, 2016; PONTES, João Gabriel Madeira. *Democracia militante em tempos de crise*. Rio de Janeiro: Lumen Juris, 2020; SARMENTO, D.; PONTES, J. G. M. Democracia militante e a candidatura de Bolsonaro. *Jota*, 28 abr. 2018. Disponível em: https://www.jota.info/opiniao-e-analise/artigos/democracia-militante-e-a-candidatura-de-bolsonaro-24082018. Acesso em: 4 maio 2021; SOUZA NETO, Cláudio Pereira de. Democracia militante e jurisdição constitucional anticíclica. *Jota*, 16 maio 2020. Disponível em: https://www.jota.info/opiniao-e-analise/artigos/democracia-militante-e-jurisdicao-constitucional-antici clica-16052020. Acesso em: 4 maio 2021; VIEIRA, Oscar Vilhena. Democracia militante. *Folha de S.Paulo*, 14 mar. 2021. Disponível em: https://www1.folha.uol.com.br/colunas/oscarvilhenavieira/2020/03/democracia-militante.shtml. Acesso em: 14 mar. 2021).

[18] LEVITSKY, Steven; ZIBLATT, Daniel. *How democracies die*. Portland: Broadway Books, 2018; SOUZA NETO, Cláudio Pereira de. *Democracia em crise no Brasil*: valores constitucionais, antagonismo político e dinâmica institucional. São Paulo: Contracorrente, 2020.

2 Suprema Corte

O Supremo Tribunal Federal, mercê do desenho institucional imposto pela Lei Fundamental, assumiu papel de grande relevância no país. A amplitude da normativa constitucional, os princípios abrangentes, a generosidade do catálogo de direitos fundamentais, a vedação do *non liquet*, as garantias contempladas, a competência elastecida e a criação de novos mecanismos de acesso ao controle abstrato de normas por ação ou omissão, o número generoso de legitimados ativos à propositura das ações de controle concentrado e, ultimamente, a instituição da arguição de descumprimento de preceito fundamental, tudo somado, transforma o Supremo Tribunal Federal em Corte única no mundo. Não bastasse isso, além da jurisdição constitucional, ele exerce também outras competências, inclusive em matéria penal, julgando, em virtude de foro por prerrogativa de função, as mais altas autoridades da República.

Não é à toa o grande número de questões levadas à Corte todos os anos, especialmente por meio da interposição do recurso extraordinário, mesmo depois da introdução da *repercussão geral* com a Emenda Constitucional nº 45/2004. Chegam ao Tribunal, atualmente, cerca de setenta mil casos anuais, o que contrasta com as poucas centenas de casos decididos anualmente pela Suprema Corte americana, que, inclusive, pode, em sede de *writ of certiorari*, escolher aqueles que julga sem apresentar qualquer justificação para a definição de sua própria agenda.

O Supremo Tribunal Federal caminha, eventualmente, em terreno minado. Numa sociedade plural, em que, além da política, também o direito está presente na vida cotidiana, tudo é motivo para debate, contestação e polêmica. Some-se a isso o fato de que a criação da TV Justiça e a ampla divulgação na mídia das decisões sobre questões sensíveis transformaram os ministros em celebridades,[19] diminuindo os espaços fechados de deliberação (que podem existir em situações específicas em uma democracia) e estabelecendo uma vigilância perpétua sobre o STF, deslocando, assim, as atenções dos ministros que, idealmente, deveriam estar voltadas para os argumentos jurídicos e as razões de decidir de seus casos, para os holofotes. Não se ignora que os ministros devam ter seu agir guiado pelo princípio da publicidade, o problema se coloca nos excessos.

Um antigo ministro conta passagem interessante. Estacionou o carro e o flanelinha fez questão de ressaltar que o conhecia, com ele simpatizava, que o viu na TV e que não iria cobrar o serviço de cuidado com o automóvel do ministro que defendia a Constituição. Trata-se de blague que demonstra como o Supremo passou, nos dias que correm, a ostentar posição radicalmente distinta daquela que conhecia antes do processo de democratização ou da promulgação da atual Carta Constitucional.

Mas a questão remanesce. Qual é o ponto de equilíbrio? Quando manejar um escrutínio mais rigoroso ou até onde ir na tarefa de efetivar este ou aquele direito fundamental violado?

Serão sintetizadas algumas respostas a seguir.

Vale, entretanto, antes disso, lembrar que o processo de deliberação na Corte deve ser melhorado. O ideal seria transformar inteiramente o Supremo em Corte Constitucional dotada de competência exclusivamente constitucional.[20]

---

[19] SACCHETTO, Thiago Coelho. *Jurisdição constitucional transparente*: a função contramajoritária da TV Justiça. Rio de Janeiro: Lumen Juris, 2021.

[20] SILVA, José Afonso da. Controle de constitucionalidade: variações sobre o mesmo tema. *Anuário Iberoamericano de Justicia Constitucional*, n. 6, p. 9-19, jan./dez. 2002.

Joe Biden, por exemplo, acaba de instituir comissão ligada à Presidência da República que estudará medidas para o aperfeiçoamento da atuação da Suprema Corte.[21] Laurence Tribe e Jack Balkin, constitucionalistas sérios e respeitadíssimos, integram o colegiado. Entre nós, entretanto, medida análoga seria de todo indesejável. A mudança sugerida exige emenda constitucional e o ensaio de alteração da composição ou da competência da Corte no Brasil, no presente contexto político, constituiria risco desnecessário.[22] Algo, porém, pode ser feito no plano legislativo e regimental.

Há, hoje, comissão constituída e em funcionamento, e dela um dos autores desta obra tem a honra de participar, que proporá a reunião e o aperfeiçoamento das normas cuidando

---

[21] SHEAR, Michael D.; HULSE, Carl. Biden. Creating commission to study expanding the Supreme Court. *The New York Times*, 9 abr. 2021. Disponível em: https://www.nytimes.com/2021/04/09/us/politics/biden-supreme-court-packing.html. Acesso em: 4 maio 2021; GAMBINO, Lauren. Biden orders commission to study Supreme Court expansion and reform. *The Guardian*, 9 abr. 2021. Disponível em: https://www.theguardian.com/us-news/2021/apr/09/joe-biden-supreme-court-expansion-commission-reform. Acesso em: 4 maio 2021. Composição da Comissão: Michelle Adams, Kate Andrias (*Rapporteur*), Jack M. Balkin, Bob Bauer (*Co-Chair*), William Baude, Elise Boddie, Guy-Uriel E. Charles, Andrew Manuel Crespo, Walter Dellinger, Justin Driver, Richard H. Fallon, Jr., Caroline Fredrickson, Heather Gerken, Nancy Gertner, Jack Goldsmith, Thomas B. Griffith, Tara Leigh Grove, Bert I. Huang, Sherrilyn Ifill, Michael S. Kang, Olatunde Johnson, Alison L. LaCroix, Margaret H. Lemos, David F. Levi, Trevor W. Morrison, Caleb Nelson, Richard H. Pildes, Michael D. Ramsey, Cristina M. Rodríguez (*Co-Chair*), Kermit Roosevelt, Bertrall Ross, David A. Strauss, Laurence H. Tribe, Adam White, Keith E. Whittington, Michael Waldman (PRESIDENT Biden to Sign Executive Order Creating the Presidential Commission on the Supreme Court of the United States. *The White House*, 9 abr. 2021. Disponível em: https://www.whitehouse.gov/briefing-room/statements-releases/2021/04/09/president-biden-to-sign-executive-order-creating-the-presidential-commission-on-the-supreme-court-of-the-united-states/. Acesso em: 21 maio 2021).

[22] Entende-se, em verdade, que seria uma potencial tentativa de afrontar a ordem constitucional. Como fica patente na proposta, constante na PEC nº 159/19, de revogação da Emenda Constitucional nº 88, a qual aumentou a idade de aposentadoria dos ministros para 75 anos. O oportunismo da proposta seria para que o presidente pudesse nomear mais ministros, algo próximo ao que ocorreu na Venezuela.

do processo constitucional. Cuida-se da eventual criação de um Código de Processo Constitucional ou de uma Lei Orgânica do Processo Constitucional. Os trabalhos da Subcomissão de Recurso Extraordinário e Controle Incidental da Constitucionalidade culminaram em proposta já submetida ao Ministro Gilmar Mendes e ao Professor Ingo Sarlet, presidente e relator, respectivamente. Procurou-se racionalizar o processo de deliberação da Corte quando cuidando de matéria de índole constitucional. A proposta final, englobando também o controle concentrado de constitucionalidade, será submetida à votação na Comissão-Geral para posterior encaminhamento, como anteprojeto de lei, à mesa da Câmara dos Deputados, instituição que a criou por ato da Presidência.[23]

Entre as medidas necessárias para o envigoramento da legitimação, da racionalização e da transparência do Tribunal, há certo consenso sobre as seguintes:

1. Restrição das possibilidades de gestão do tempo. Reporta-se aos pedidos de vista sem prazo para a devolução, permitindo eventual atuação estratégica.
2. Transparência na definição da pauta do plenário físico pelo presidente. A elaboração da pauta, inclusão ou exclusão de feitos não podem constituir atuação inteiramente discricionária. Há a necessidade da aprovação de regras claras a respeito.
3. Mais apurada disciplina das decisões monocráticas, particularmente em medidas cautelares, sobretudo em sede de controle concentrado de normas, e submissão imediata das liminares à deliberação do Pleno

---

[23] Ato do Presidente de 24.11.2020 – institui comissão de juristas destinada a elaborar anteprojeto de legislação que sistematiza as normas de processo constitucional brasileiro.

para referenda. Há liminares vigorando por anos a fio, inclusive com suspensão da eficácia de emenda constitucional.[24]

4. Exigência de mais colegialidade no processo decisório. O Supremo Tribunal Federal deve ser um continente, forte e respeitado, e não um amontoado de ilhas isoladas.

5. Clareza na definição da *ratio decidendi* como modo de dar mais segurança aos jurisdicionados. Os acórdãos, hoje, construídos pelo modelo seriático,[25] consistem em justaposições de votos construídos isoladamente que se somam à manifestação do relator. A *ratio decidendi*, por isso, nem sempre é encontrada. Ora, sem *ratio decidendi* discutida e aprovada pela maioria absoluta não há, tecnicamente falando, precedente, mas apenas decisão plural[26] que pode operar, ou não,

---

[24] ADI nº 5.017/DF, de relatoria do Min. Luiz Fux, suspendeu os efeitos da EC nº 73/2013.

[25] "A decisão *per curiam* se consubstancia em um arrazoado único, que expressa o entendimento da corte como instituição [...] Nos modelos de decisão em série (*seriatim*), ao contrário, cada membro do colegiado produz o seu próprio voto e, ao proferi-lo, fala por si e não em nome da corte" (MELLO, Patrícia Perrone Campos. O Supremo Tribunal Federal: um tribunal de teses. *EMERJ*, Rio de Janeiro, v. 21, n. 3, t. 2, p. 443-467, set./dez. 2019). Para Conrado H. Mendes: "Inasmuch as they do not reach an 'opinion of the court' but a potpourri of opinions, it could rather be the personal face that catches the eyes. One may personify by the number and de-personify by the content, and vice versa (in case the collegiate opts for a seriatim)" (MENDES, Conrado. *Constitutional courts and deliberative democracy*. Oxford: Oxford University Press, 2013. p. 63). Ver também: MARINONI, Luiz Guilherme. *Julgamento nas cortes supremas*: precedente e decisão do recurso diante do novo CPC. São Paulo: Thomson Reuters, 2015. p. 64; HENDERSON, M. Todd. From 'Seriatim' to consensus and back again: a theory of dissent. *SSRN*, 9 out. 2007. Disponível em: https://ssrn.com/abstract=1019074; SUNSTEIN, Cass R. Unanimity and Disagreement on the Supreme Court. *Cornell L. Rev.*, v. 100, 2014. p. 769.

[26] "Decisão plural é uma decisão majoritária que contém em si duas *rationes* ou fundamentos determinantes, sem com que qualquer deles esteja amparado pela maioria do colegiado. Em outras palavras, uma decisão plural é majoritária quanto ao *resultado*, mas incapaz de gerar *ratio decidendi*, na medida em que nenhum dos

efeito vinculante além da coisa julgada, nos termos das normas de processo constitucional.

Tem-se, hoje, uma Corte que vê a corrosão da sua legitimidade em virtude da prolação de decisões sensíveis, particularmente o deferimento de cautelares e ações de controle concentrado, de forma monocrática. Pois a colegialidade, sabe-se, confere maior legitimidade, reforçando, ademais, a autoridade moral da Corte.[27]

São identificados problemas na origem, no meio e no fim. Na origem, eis que os próprios agentes políticos preferem transferir os ônus de decisões impopulares para as Cortes. Isto fica nítido nos casos de omissões inconstitucionais em que demandam do STF o preenchimento de lacunas do ordenamento, ao custo de momentâneo "desgaste" de sua imagem (promovida, usualmente, pelos "derrotados").

No meio, em que um ministro pode, de maneira isolada, decidir matéria de alta voltagem política e mover, sem prévio aviso, peças do tabuleiro institucional brasileiro, afetando a vida de todos. Como no caso da liminar proferida pelo Ministro Kássio Marques na ADPF nº 701, que permitiu aglomerações em templos religiosos durante a pandemia da Covid-19.

E, no fim, eis que a falta de tradição institucional e a oposição a efetivas deliberações internas obstaculizam a construção argumentativa de uma razão de decidir coerente e nítida decorrente dos processos decisórios da Corte.

---

fundamentos que nela estão contidos são sustentados pela maioria" (MARINONI, Luiz Guilherme. *Julgamento nas cortes supremas*: precedente e decisão do recurso diante do novo CPC. São Paulo: Thomson Reuters, 2015. p. 37; HOCHSCHILD, Adam S. The modern problem of Supreme Court plurality decision: interpretation in historical perspective. *Journal of Law & Policy*, v. 4, 2000).

[27] GLEZER, Rubens. *Catimba constitucional*: o STF do antijogo à crise constitucional. Belo Horizonte: Arraes, 2020.

Isso prejudica tanto os destinatários da decisão, como a potencial vinculação de futuras decisões.

Adiante.

3   As teses

Entre os milhares de feitos recebidos, anualmente, pelo Supremo Tribunal Federal,[28] cerca de 1%, em um período de 30 anos, desafia um processo de deliberação mais delicado.[29] São os que a mídia reporta. Os casos submetidos ao Tribunal, em sua maioria, podem ser solucionados pelo relator mediante a aplicação de precedentes, da jurisprudência reiterada ou mesmo através do manejo dos recursos hermenêuticos convencionais. Diante do elevado número de recursos extraordinários, a Corte viu-se compelida a construir jurisprudência defensiva. Os casos complexos, todavia, supondo questões difíceis diante da ausência de parâmetros claros, de precedentes aproveitáveis, de jurisprudência reiterada, exigentes de alteração jurisprudencial ou superação do precedente (*overruling*), impactam poderosamente a vida em sociedade. Nestas importantíssimas situações, a Suprema Corte vira notícia nacional de grande repercussão.

---

[28] Segundo o relatório de atividades do STF, a Corte recebeu 75.137 processos em 2020 (STF. *Relatório de atividades 2020*. Brasília: STF, 2021. p. 29. Disponível em: http://www.stf.jus.br/arquivo/cms/publicacaoCatalogoProdutoConteudoTextual/anexo/RelatorioAtividadesSTF2020.pdf. Acesso em: 26 abr. 2021).

[29] PEREIRA, Thomaz; ARGUELHES, Diego Werneck; ALMEIDA, Guilherme da Franca Couto Fernandes de. *VIII Relatório Supremo em Números*: quem decide no Supremo? – Tipos de decisão colegiada no tribunal. Rio de Janeiro: FGV Direito Rio, 2020. Série Novas Ideias em Direito. Disponível em: https://direitorio.fgv.br/publicacoes/viii-relatorio-supremo-em-numeros-quem-decide-no-supremo. Acesso em: 26 abr. 2021; TEIXEIRA, Matheus. Só 1% das decisões do STF dos últimos 30 anos foi tomada em discussão presencial e aprofundada. *Folha de S.Paulo*, São Paulo, 21 set. 2020. Disponível em: https://www1.folha.uol.com.br/poder/2020/09/so-1-das-decisoes-do-stf-dos-ultimos-30-anos-foi-tomada-em-discussao-presencial-e-aprofundada.shtml. Acesso em: 26 abr. 2021.

Ora, em tais circunstâncias, o Estado democrático de direito reclama da Corte, além da decisão solvendo a questão, a produção de *parâmetros* para auxiliar as demais instâncias judiciais no processo racional de solução de feitos análogos, o que não exclui, ao contrário, exige, a apreciação simultânea de outros dados decorrentes da conjuntura política, do diagnóstico do momento histórico, da densidade deliberativa à qual a matéria foi exposta no processo legislativo, considerada também, fazendo uso das lições de Dworkin, a coerência do romance em cadeia. [30]

Defende-se, aqui, a necessidade, em nosso país, do manejo de uma *dogmática constitucional emancipatória*.[31] Ora, a dogmática constitucional emancipatória é o outro nome da *doutrina constitucional da efetividade*,[32] articulada a partir das lições de juristas como, entre outros, Konrad Hesse[33] e Canotilho,[34] e da jurisprudência dos países que serviam e, ainda hoje, se apresentam como modelos inspiradores.

Poderiam pensar alguns que um discurso com essa natureza, intransigente com a defesa da dignidade da pessoa humana, implica, no universo da prestação jurisdicional, prática em descompasso com as exigências democráticas porque autorizadora de suposto ativismo judicial. Nada mais falso. É verdade que esta dogmática expõe preocupa-

---

[30] DWORKIN, Ronald M. *O império do direito*. São Paulo: Martins Fontes, 2007. p. 275.
[31] CLÈVE, Clèmerson Merlin. *Para uma dogmática constitucional emancipatória*. Belo Horizonte: Fórum, 2012.
[32] BARROSO, Luís Roberto. *Curso de direito constitucional contemporâneo*. São Paulo: Saraiva, 2009. p. 224.
[33] HESSE, Konrad. *A força normativa da Constituição*. Tradução de Gilmar Ferreira Mendes. Porto Alegre: Fabris, 1991.
[34] CANOTILHO, José Joaquim Gomes. *Constituição dirigente e vinculação do legislador*: contributo para a compreensão das normas constitucionais programáticas. Coimbra: Coimbra Editora, 2001; CANOTILHO, José Joaquim Gomes. *Direito constitucional e teoria da Constituição*. Coimbra: Almedina, 2001.

ção com a efetiva realização dos comandos constitucionais, em particular aqueles tratando dos direitos fundamentais e dos pressupostos para a democracia. E, seguindo o passo, acredita-se no importante trabalho a ser desenvolvido pelo Judiciário brasileiro no exercício da jurisdição constitucional. Nem por isso se propõe um lugar para o juiz que esteja além do desenhado pela arquitetônica da organização dos poderes ou que autorize indevida compressão do campo das escolhas legítimas do legislador a partir de um processo aberto de deliberação com repercussão na arena pública.

Ora, o Judiciário ocupado com as promessas constitucionais operará, conforme o caso, mas sempre a partir de bases racionais, ora um controle mais forte, ora um controle mais débil do ato (omissivo ou comissivo) impugnado. Transitará entre a autocontenção, prestando deferência à escolha do legislador, e o controle robusto para a proteção deste ou daquele direito. Em qualquer caso, porém, adotará postura vigilante a respeito dos postulados da democracia (que implicam autogoverno coletivo e definição de escolhas prioritariamente através do processo público de deliberação).

Há momentos, como aqueles que envolvem a defesa de minorias contra atos discriminatórios, a proteção da liberdade de manifestação e de opinião e a proteção do mínimo existencial, verdadeiras condições para o exercício da democracia, que reclamam um controle forte do Judiciário.

Há outros, ao contrário, desafiantes, *prima facie*, de postura de deferência, de superlativo respeito à decisão do legislador. São necessários argumentos muito robustos para justificar, em casos assim, ação distinta do órgão judicial. Cite-se, por exemplo, as questões difíceis que supõem interpretação de cláusulas constitucionais (abertas) autorizadoras de concepções distintas e razoáveis num ambiente de pluralismo moral.

Aqui, em princípio, a escolha do legislador, tomada a partir de um processo público de deliberação, com a participação efetiva dos representantes dos interessados, não deve ser substituída pela do juiz. Neste caso, ausentes consistentes razões a justificar, ocorrente a substituição da vontade do legislador pela do juiz, manifestar-se-ia hipótese contrastante com a experiência democrática.

Uma vez que se considera que os poderes atuam de diferentes formas para o cumprimento de seus desígnios constitucionais, já não é possível refletir a respeito da separação de poderes de maneira unidimensional. As instituições se transformam com o passar das gerações e o Brasil, após a Constituição de 1988, reorganizou sua arquitetura. O cuidado que devemos tomar, a partir de agora, coloca-se no sentido da definição dos limites para abusos que advenham do próprio Judiciário, não ignorando que, em nossa realidade periférica, marcada pelo hiperpresidencialismo e de ainda frágil apreço pela democracia, as Cortes desempenham, sem dúvida, um papel importante para a preservação do Estado democrático de direito, talvez, sem comparação proporcional com os Estados com tradições democráticas mais consolidadas. A preocupação se coloca também a respeito de uma possível captura das instituições, com a possibilidade de que o norte, bem traçado pela dogmática constitucional emancipatória, venha a ser utilizado com o sinal invertido, deixando de operar para a concretização de direitos fundamentais.

Não se trata, para o juiz, portanto, de agir contra a democracia, mas, antes, para a democracia. Quer-se uma sociedade de livres e iguais, não uma sociedade inadequadamente paternalista.

Dito isso, convém reiterar que, diante de uma Constituição analítica como a nossa, muitas questões que antes remanesciam no exclusivo campo da política são, agora, levadas ao Judiciário em função de escolha operada pelo Constituinte. Todavia, judicialização não implica ativismo. Levante-se, para ilustração, o princípio constitucional do devido processo legislativo. Antes, questão *interna corporis*, hoje se entende que o Judiciário, naquilo que envolve o necessário contraditório e o direito de participação da minoria, pode e deve interferir para dar cumprimento à normativa constitucional.[35][36]

4 Controle de constitucionalidade forte

É defensável, entre nós, o manejo de um controle de constitucionalidade mais forte (escrutínio mais estrito), em matérias tratando:

1. Dos direitos fundamentais individuais, em especial da liberdade de expressão e manifestação do pensamento.
2. Da proteção do processo democrático (regularidade do devido processo legislativo e controle do poder político ou econômico no processo eleitoral).
3. Da proteção do devido processo legal e do *rule of law*.
4. Dos direitos das minorias e dos grupos vulneráveis.
5. Dos direitos fundamentais sociais, em particular os prestacionais, nas hipóteses de eficácia originária ou diante da defesa do mínimo existencial (que não se confunde com o mínimo vital), verdadeiras condições

---

[35] GARGARELLA, Roberto. *La justicia frente al gobierno*: sobre el carácter contramayoritario del poder judicial. Equador: Corte Constitucional del Ecuador para el Período de Transición, 2011.

[36] BARCELLOS, Ana Paula de. Constitucionalização das políticas públicas em matéria de direitos fundamentais: o controle político-social e o controle jurídico no espaço democrático. *Revista de Direito do Estado*, v. 3, n. 17, 2006.

para a satisfação da ideia de dignidade da pessoa humana.

A jurisdição constitucional guarda os valores substantivos e protege a legítima deliberação pública que supõe manifestação direta ou indireta dos possíveis afetados pela decisão, por isso a importância da preservação de espaços deliberativos e de instituições que transformem as expressões plurais advindas da sociedade em razões para decidir.

Nesse compasso, as audiências públicas e os *amici curiae*, por exemplo, qualificam o processo de deliberação e, por derivação, de adjudicação, merecendo acolhida generosa da doutrina e do Tribunal. Advirta-se que as audiências públicas devem prestigiar o contraditório e o pluralismo, os ministros, na medida do possível, devem ter participação efetiva e elas não podem substanciar meras peças ornamentais, sendo certo que os argumentos esgrimidos, tomados a sério, reclamam consideração por ocasião da decisão.

5 Controle de constitucionalidade fraco

Há situações, entretanto, que autorizam um controle menos exigente, supondo certa dose de autocontenção ou de deferência para com as razões do legislador. É o caso:
1. Das políticas públicas tratando de direitos sociais naquilo que se reporta à eficácia derivada que exceda largamente as fronteiras do mínimo existencial ou das conquistas já operadas, significando isso, vedação do retrocesso.
2. Das questões eminentemente políticas, considerando, sempre, porém, que tais questões não constituem cláusula imunizadora total. Há, afinal, necessidade de respeito à dimensão política da vida e à liberdade

de conformação legislativa em relação àquilo que não é obrigatório constitucionalmente. Seria forçoso justificar a interferência do Judiciário em decisões típicas dos outros poderes, salvo exceção, como a escolha de ministros pelo Presidente. A decisão que impediu a posse do Ex-Presidente Lula como ministro da Casa Civil do Governo Dilma, por exemplo, foi inapropriada.[37]

3. Também nos resultados plebiscitários, referendários, envolvendo leis de iniciativa popular, momentos constituintes e, mesmo, leis novas que resultem de um processo regular, robusto e aberto de deliberação, ausente circunstância dominada pelo constitucionalismo abusivo, por um contexto iliberal ou puramente majoritário/eleitoral, deve-se, como regra, prestar deferência ao legislador.

Neste ponto vale lembrar da experiência colombiana quando da tentativa, durante o governo de Alvaro Uribe Velez, de mais de uma reeleição presidencial. O instituto foi permitido pela Corte Constitucional, em 2005, quando instada a tratar da emenda constitucional que a possibilitou.[38] Em 2010, a Corte impediu que uma mesma pessoa pudesse ocupar o cargo da Presidência da República por três períodos consecutivos, desafiando o referendo aprovado pelo Congresso.[39]

---

[37] MC-MS nº 34.070 e MC-MS nº 34.071. Rel. Min. Gilmar Mendes, j. 18.3.2016. Em sentido contrário, o MS nº 34.604 (Rel. Min. Celso de Mello, j. 14.2.2017) envolveu o decreto presidencial de nomeação de Wellington Moreira Franco, no Governo Temer.

[38] CORTE CONSTITUCIONAL. *Sentencia C-1040/05*. 19.10.2005. Disponível em: https://www.corteconstitucional.gov.co/relatoria/2005/C-1040-05.htm.

[39] CORTE CONSTITUCIONAL. *Sentencia C-141/10*. 26.2.2010. Disponível em: http://www.corteconstitucional.gov.co/relatoria/2010/c-141-10.htm.

David Landau vê a decisão como uma forma de prevenção de erosão democrática.[40]

Trata-se, aqui, no processo argumentativo e deliberativo levado a termo pelo juiz constitucional, de considerar no processo decisório, com peso adequado, as razões do legislador. Nestas hipóteses há uma presunção forte de constitucionalidade das leis, a qual pode, não obstante, ser afastada por outras razões, sempre públicas, ensinam John Rawls e Owen Fiss,[41] como as acima referidas, mesmo não populares, mas determinantes. É sempre bom lembrar que o juiz constitucional figura como um guardião dos princípios permanentes da comunidade política constitucionalizada e, portanto, opera um olhar de longo alcance, decide articulando razões públicas e argumentos de princípio, não devendo se curvar ao desejo das maiorias eventuais que voltam o olhar para o presente, para o interesse de curto alcance, ainda quando operem com a melhor das boas intenções ou sob o aplauso generoso das multidões.

Multidões que podem ser falsas, representando, eventualmente, apenas parcela da sociedade que se traveste de maioria. As *fake news*, as redes sociais, a organização das corporações, as tribos ou guetos numerosos, algumas vezes radicais, conferem, pelo poder de articulação e mobilização, dimensão artificial aos grupos. A suposta maioria governante pode não passar de uma simples maioria eleitoral.[42]

---

[40] LANDAU, David. Abusive constitutionalism. *UCDL Rev.*, v. 47, 2013. p. 189.
[41] RAWLS, John. *O liberalismo político*. São Paulo: Ática, 2000. p. 262; FISS, Owen. *El derecho como razón pública*. Madrid: Marcial Pons, 2007.
[42] "As decisões tomadas pelo governo ocorrem diariamente; entretanto, mediantes determinadas condições. De forma relevante, os representantes do governo devem prestar contas regularmente nas votações. Além disso, incentivos devem lhes ser dados para que tenham uma visão ampla do interesse público, sem a influência indevida de grupos com interesses paralelos, [...] Eles não podem alegar que uma

E, portanto, meramente nominal. O presidente que vence o segundo turno das eleições com a maioria dos votos válidos pode ter ao seu lado não muito mais do que um terço do eleitorado ou vinte por cento da população. É preciso, portanto, cuidado com os governos que pretendem falar em nome do povo, encarnar a totalidade do poder soberano e combater ou reformar as instituições sustentados pela vontade supostamente majoritária. São, esses governos, como a história demonstra, perigosos. É o nós contra eles, nós vencemos, aos outros as batatas, segundo a célebre frase de Machado de Assis lembrada por Schwarz.[43]

6 Questões sensíveis

Por fim, deve-se reconhecer a existência de um conjunto de questões difíceis que, quando judicializadas, em poucas ocasiões poderão ser resolvidas de modo satisfatório em virtude da divisão da sociedade que ultrapassa o consenso mínimo ou sobreposto, para fazer uso da linguagem de Rawls,[44] das distintas concepções válidas do bem ou da vida boa, em síntese, numa sociedade plural e aberta, das diferentes compreensões a respeito da dignidade humana.

Importa, aqui, lembrar dos temas relativos ao direito à vida, eutanásia e suicídio assistido, por exemplo, que colocam à prova, como *questões limites*, os fundamentos de quaisquer

---

vitória eleitoral regular seja capaz de lhes conceder o poder de aprovar uma lei que vise subverter as garantias alcançadas pelo povo em julgamentos anteriores" (ACKERMAN, Bruce. *Nós, o povo soberano*. Fundamentos do direito constitucional. Belo Horizonte: Del Rey, 2006. p. 7).

[43] SCHWARZ, Roberto. *Ao vencedor as batatas*: forma literária e processo social nos inícios do romance brasileiro. São Paulo: Editora 34, 2000.

[44] RAWLS, John. *Uma teoria da justiça*. Tradução de Carlos Pinto Correia. Lisboa: Presença, 1993.

teorias que procurem oferecer solução definitiva à tensão entre constitucionalismo e governo democrático.

Está-se a tratar de problemas que indicam a impossibilidade da formulação de consensos, já que supõem razões utilizadas na defesa de distintos pontos de vista com idêntico suporte constitucional. Neste terreno, todo cuidado é pouco. Há, de qualquer modo, uma relativa tendência histórica, prévia a estes tempos de regresso, no sentido de reconhecer que a interrupção de gravidez, fato da vida que não pode ser negado, consiste em questão de saúde pública cujo enfrentamento é necessário para prevenir grande número de mortes evitáveis que a criminalização, normalmente, por conta das compreensíveis práticas clandestinas, acarreta. A maior autoridade na questão deveria ser, em princípio, a mulher e não o Estado-Juiz.[45]

É, também, possível reconhecer a manifestação de uma tendência no sentido de aceitar a discussão a respeito do suicídio assistido e, pelo menos, admitir os cuidados paliativos e a legitimidade da ortotanásia em situações de sofrimento inevitável e de altíssima intensidade daqueles que padecem de doença terminal.[46]

---

[45] DINIZ, Debora. Quem autoriza o aborto seletivo no Brasil? Médicos, promotores e juízes em cena. *Physis: Revista de Saúde Coletiva*, v. 13, p. 251-272, 2003; DINIZ, Debora. Aborto: saúde das mulheres. *Ciência Saúde Coletiva*, Rio de Janeiro, v. 17, n. 7, 2012. p. 1668; BIROLI, Flávia. Autonomia e justiça no debate do aborto: implicações teóricas e políticas. *Revista Brasileira de Ciência Política*, Brasília, n. 15, 2014; BARBOZA, E. M. Q.; CHUEIRI, V. K. de. Por uma leitura moral dos "domínios da vida": uma interpretação não moralista sobre o aborto. *In*: SILVA, Christine Oliveira Peter da; BARBOZA, Estefânia Maria de Queiroz; FACHIN, Melina Girardi (Org.). *Constitucionalismo feminista*. 1. ed. Salvador: JusPodivm, 2018. v. 1. p. 1-382.

[46] MARTEL, Letícia de Campos Velho *et al*. Direitos fundamentais indisponíveis: os limites e os padrões do consentimento para a autolimitação do direito fundamental à vida. *Espaço Jurídico Journal of Law – EJJL*, v. 13, n. 2, p. 405-408, 2012; BARROSO, Luís Roberto; MARTEL, Letícia de Campos Velho. A morte como ela é: dignidade e autonomia individual no final da vida. *Revista da Faculdade de Direito da Universidade Federal de Uberlândia*, v. 38, n. 1, 2010.

O Brasil deve, é claro, preparar-se para debater estas questões extremamente delicadas. Agora, todo passo do Supremo no sentido de, dirimindo questões deste naipe, avançar no tratamento da matéria deve ser extremamente cuidadoso. O tempo atual, inclusive, pode não substanciar o melhor para a solução judicial do problema. Embora pouco provável, o ideal é que o avançar comece pelo Legislativo.

Falou-se em deferência e ativismo. Em questões a pedir intervenção judicial mais ou menos intensa. Uma jurisdição constitucional mais fraca ou mais forte.

Cumpre, aqui, todavia, reitera-se, não confundir *judicialização da política* com *ativismo judicial*. A judicialização da política é um fato, sendo, diante da Constituição brasileira, inevitável. Isso decorre, como antes pontuado, do desenho institucional, da inafastabilidade da prestação jurisdicional, da imodéstia do tecido constitucional, do generoso catálogo de direitos fundamentais, da ampliação de vias de acesso ao controle abstrato de constitucionalidade e, igualmente, da expansão da legitimação ativa para a propositura de tais vias. O Judiciário é um órgão inerte. Mas, uma vez provocado, não pode deixar de decidir. As questões são levadas a ele pela sociedade civil, pelos demais órgãos constitucionais ou pelos partidos políticos. A judicialização pode ou não resultar em intervenção robusta, convém realçar.

A postura ativa reclama justificação através de argumentação mais consistente, sob pena de corrosão da legitimidade da justiça constitucional. Mas às vezes ela é inevitável. Muitos casos, porém, tidos como exemplos de postura ativista, na verdade, derivaram de deferência. É o caso, por exemplo, da ADI que decidiu sobre a constitucionalidade da Lei de Biossegurança envolvendo a pesquisa científica com o uso de embriões[47] ou daquela que tratou dos mecanismos de ação afirmativa.[48] As referidas decisões foram deferentes com o legislador ou o administrador e não o contrário.

7 Ativismo e erro

Há manifestações de ativismo que importaram em erro. Recorde-se a decisão que declarou a inconstitucionalidade da cláusula de barreira dos partidos políticos, cláusula agora reintroduzida, com nova configuração, por meio de emenda constitucional.[49] A decisão trouxe como resultado a multiplicação dos partidos políticos, a dificuldade da governabilidade no contexto do presidencialismo de coalizão[50] e a transformação das agremiações políticas em agências de comércio. Recorde-se, também, a decisão que declarou a incompatibilidade da vaquejada com a Constituição, desconsiderando uma tradição cultural.[51] Em ambos os casos houve *backlash*,[52] a aprovação de emendas constitucionais que reintroduziram, embora sob novas bases, os dispositivos nulificados. Fala-se, aqui, inclusive, para além de diálogo institucional

---

[47] ADI nº 3.510. Rel. Min. Carlos Ayres Britto, j. 29.5.2008.
[48] ADPF nº 186. Rel. Min. Ricardo Lewandowski, j. 26.4.2012.
[49] ADIs nºs 1.351 e 1.354. Rel. Min. Marco Aurélio, j. 7.12.2006. Reintroduzida pela EC nº 97/2017.
[50] ABRANCHES, Sérgio. *Presidencialismo de coalizão*: raízes e evolução do modelo político brasileiro. São Paulo: Companhia das Letras, 2018.
[51] ADI nº 4.983. Rel. Min. Marco Aurélio, j. 6.10.2016. Reintroduzido pela EC nº 96/2017.
[52] POST, Robert; SIEGEL, Reva. Roe Rage: democratic constitutionalism and backlash. *Harvard Civil Rights-Civil Liberties Law Review*, 2007. Disponível em: http://ssrn.com/abstract=990968; SUNSTEIN, Cass R. If people would be outraged by their rulings should judges care? *The Social Science Research Network Electronic Paper Collection*. Disponível em: http://ssrn.com/abstract_id=965581; FONTELES, Samuel Sales. *Direito e backlash*. Salvador: JusPodivm, 2021.

cooperativo, recomendável para a harmonia entre os poderes, de um diálogo institucional de tipo adversarial.[53]

Há, por outro lado, manifestações que deixam dúvida a respeito de sua caracterização. Mesmo sendo absolutamente solidário às lutas da comunidade LGBT, um dos autores deste livro participou da redação de artigo[54] questionando a possibilidade, para a sua proteção, de solução penal por meio de manifestação do Supremo Tribunal Federal em sede de mandado de injunção.[55]

O receio, comungado por ambos os autores, é de que o ativismo possa vir a ser usado com o sinal invertido, para promoção de um Estado de polícia que, historicamente, se provou como inimigo de manifestações distintas da heteronormatividade. Trata-se, é verdade, de receio de um cenário futuro, do aumento da deterioração das instituições e do uso oportunista de leis autoritárias como a Lei de Segurança Nacional. Além disso, há uma dúvida genuína em se a promoção de direitos fundamentais reclama maior criminalização de condutas ou menor intervenção estatal, ou melhor, sobre qual seria a dosagem adequada para esta finalidade. Ademais, nota-se a baixa utilização da legislação antirracista, que acaba por ocupar em nosso ordenamento um lugar mais simbólico do que efetivo.

Sim, há ordem antidiscriminatória na Constituição a impor o dever de legislar, inclusive em matéria penal, como medida de proteção ao grupo minoritário.[56] Mas o *princípio*

---

[53] CLÈVE, Clèmerson Merlin; LORENZETTO, Bruno Meneses. *Governo democrático e jurisdição constitucional*. Belo Horizonte: Fórum, 2016.

[54] CLÈVE, Clèmerson Merlin; SARLET, Ingo Wolfgang; COUTINHO, Jacinto Nelson de Miranda; STRECK, Lenio Luiz; PANSIERI, Flávio. Perigo da criminalização judicial e quebra do Estado democrático de direito. *Conjur*, 2014. Disponível em: https://www.conjur.com.br/2014-ago-21/senso-incomum-criminalizacao-judicial-quebra-estado-democratico-direito. Acesso em: 10 jan. 2020.

[55] A decisão deu-se por ação direta de constitucionalidade por omissão, em 2019.

[56] "Art. 5º [...] XLI - a lei punirá qualquer discriminação atentatória dos direitos e liberdades fundamentais; [...]".

da legalidade estrita não pode ser suprido por meio da atividade jurisdicional, pensou-se na oportunidade. O Supremo, afinal, decidiu[57] no sentido da legislação antirracista e antidiscriminatória,[58] na medida em que não há raça do ponto de vista biológico, mas, antes, grupos sociais minoritários subalternizados, todos estes grupos desafiam proteção pela referida normativa. Ou seja, o Supremo, na circunstância, não violou o princípio da legalidade estrita, não aplicou legislação fazendo uso da analogia, apenas requalificou o alcance do crime definido na legislação em vigor até ulterior manifestação do legislador.[59] Cabe rever a antiga posição e admitir que o STF decidiu bem, providenciando um tipo de intervenção necessária e reclamada pela Constituição. Trata-se de caso de ativismo?

8 Ativismo inevitável

Pode-se falar, ainda, de ativismos inevitáveis, diante do que especifica a Lei Fundamental por meio de ordens de legislar ou da previsão de deveres de proteção. Consideremos algumas decisões prolatadas em sede de mandado de injunção (direito de greve do servidor público, *v.g.*)[60] e, sobretudo, depois de sua introdução, nas ADPFs (arguições de descum-

---

[57] ADO nº 26. Rel. Min. Celso de Mello, j. 13.6.2019.
[58] Lei nº 7.716/1989 – define os crimes resultantes de preconceito de raça ou de cor.
[59] VECCHIATTI, P. R. I. *O STF, a homotransfobia e o seu reconhecimento como crime de racismo*. Análise e defesa da decisão do Supremo Tribunal Federal que reconheceu a homotransfobia como crime de racismo. 1. ed. Bauru: Spessoto, 2020. v. 1168; VECCHIATTI, P. R. I. Racismo homotransfóbico e a população LGBTI como um grupo racializado. *Jota*, 28 ago. 2019. Disponível em: https://www.jota.info/opiniao-e-analise/artigos/racismo-homotransfobico-e-a-populacao-lgbti-como-um-grupo-racializado-28052019. Acesso em: 14 mar. 2021.
[60] MI nº 670. Rel. Min. Maurício Corrêa, Red. p/ acórdão Min. Gilmar Mendes; MI nº 708. Rel. Min. Gilmar Mendes; e MI nº 712. Rel. Min. Eros Grau, j. 25.10.2007.

primento de preceito fundamental), inclusive naquelas que provocam o Supremo Tribunal Federal contra um "estado de coisas inconstitucional".[61] Nestes casos, a atuação do Tribunal não fica e não pode ficar apenas na esfera normativa, podendo ingressar no território dos atos e fatos administrativos. Como resolver a questão de violação sistêmica de direitos fundamentais nos presídios sem uma decisão de caráter estrutural?[62] Ou de comprometimento sistêmico da saúde no contexto da Covid, dos povos indígenas[63] ou quilombolas?[64] Ou a violência generalizada, mesmo em tempo de pandemia, nas favelas do Rio de Janeiro?[65] Para citar apenas quatro ADPFs em tramitação na Suprema Corte.

Neste ponto, o diálogo institucional deixa de ser uma possibilidade para substanciar necessidade. Não há, afinal, solução estrutural viável e útil para os problemas de sistêmica violação de direitos sem cooperação e conversa contínua entre as agências governamentais ou órgãos constitucionais envolvidos. As políticas públicas nestas hipóteses serão construídas ou reconfiguradas através de decisão judicial de caráter estrutural com o apoio dos demais poderes envolvidos.

---

[61] GLEZER, Rubens; MACHADO, Eloísa. Decide, mas não muda: STF e o Estado de Coisas Inconstitucional. *Jota*, 9 set. 2015. Disponível em: https://www.jota.info/opiniao-e-analise/artigos/decide-mas-nao-muda-stf-e-o-estado-de-coisas-inconstitucional-09092015. Acesso em: 4 maio 2021; STRECK, Lenio Luiz. Estado de coisas inconstitucional é uma nova forma de ativismo. *Conjur*, 24 out. 2015; VAN DER BROOCKE, Bianca Schneider; KOZICKI, Katya. A ADPF 347 e o "Estado de Coisas Inconstitucional": ativismo dialógico e democratização do controle de constitucionalidade no Brasil. *Revista Direito, Estado e Sociedade*, n. 53, 2019. Ver também a Sentença de Tutela nº 153, de 1998, julgada pela Corte Constitucional colombiana.
[62] ADPF nº 347. Rel. Min. Marco Aurélio, j. 9.9.2015.
[63] ADPF nº 709. Rel. Min. Roberto Barroso, j. 5.8.2020.
[64] ADPF nº 742. Rel. Min. Marco Aurélio, j. 24.2.2021.
[65] ADPF nº 635. Rel. Min. Edson Fachin, j. 5.8.2020

9 Concluindo

Percebe-se que a jurisdição constitucional tem mudado. Essa nova feição, entretanto, ainda está em construção. Ora, o renovado papel precisa ser compreendido e, mais, discutido, com humildade, abertura e raciocínio crítico, lembrando, sempre, que o Supremo Tribunal Federal não está fora do jogo político, não reside na lua, nem está imune aos influxos contraditórios da história. E como os influxos da história têm sido contraditórios no Brasil!

Em qualquer ambiente democrático, as decisões judiciais, sendo corretas ou não, devem ser cumpridas. Isso não quer dizer que não possam, na arena pública, com o devido respeito e com bons argumentos, ser questionadas. Afinal, em uma sociedade livre, aberta e plural, o argumento vencido de ontem pode ser a razão vencedora de amanhã.

Daí o motivo pelo qual a atividade da Suprema Corte, numa democracia constitucional, desafia permanente escrutínio. Daí, também, o relevantíssimo papel da academia, o lugar por excelência capaz de, fugindo dos limites da circunstância que comprometem a largueza de horizontes da mídia ou dos equívocos multiplicados pelas redes sociais, se colocar como verdadeira instância crítica, judicativa e avaliadora para apontar, em nome da cidadania, dos direitos fundamentais, dos mais altos valores republicanos e do Estado democrático de direito, os erros e acertos da jurisdição constitucional e, ao mesmo tempo, oferecer contribuições teóricas e incentivos morais para que a instituição vire o passo na direção correta, acertando mais do que errando nas decisões que profere.

Referências

ABRANCHES, Sérgio. *Presidencialismo de coalizão*: raízes e evolução do modelo político brasileiro. São Paulo: Companhia das Letras, 2018.

ACKERMAN, Bruce. *Nós, o povo soberano*. Fundamentos do direito constitucional. Belo Horizonte: Del Rey, 2006.

BARBOZA, E. M. Q.; CHUEIRI, V. K. de. Por uma leitura moral dos "domínios da vida": uma interpretação não moralista sobre o aborto. *In*: SILVA, Christine Oliveira Peter da; BARBOZA, Estefânia Maria de Queiroz; FACHIN, Melina Girardi (Org.). *Constitucionalismo feminista*. 1. ed. Salvador: JusPodivm, 2018. v. 1.

BARCELLOS, Ana Paula de. Constitucionalização das políticas públicas em matéria de direitos fundamentais: o controle político-social e o controle jurídico no espaço democrático. *Revista de Direito do Estado*, v. 3, n. 17, 2006.

BARROSO, Luís Roberto. *Curso de direito constitucional contemporâneo*. São Paulo: Saraiva, 2009.

BARROSO, Luís Roberto; MARTEL, Letícia de Campos Velho. A morte como ela é: dignidade e autonomia individual no final da vida. *Revista da Faculdade de Direito da Universidade Federal de Uberlândia*, v. 38, n. 1, 2010.

BICKEL, Alexander. *The last dangerous branch*. New Haven and London: Yale University Press, 1986.

BIROLI, Flávia. Autonomia e justiça no debate do aborto: implicações teóricas e políticas. *Revista Brasileira de Ciência Política*, Brasília, n. 15, 2014.

CANOTILHO, José Joaquim Gomes. *Constituição dirigente e vinculação do legislador*: contributo para a compreensão das normas constitucionais programáticas. Coimbra: Coimbra Editora, 2001.

CANOTILHO, José Joaquim Gomes. *Direito constitucional e teoria da Constituição*. Coimbra: Almedina, 2001.

CASTIGNONE, Silvana; GUASTINI, Riccardo; TARELLO, Giovanni. *Introduzione teorica allo studio del diritto*. Gênova: Ecig, 1979.

CLÈVE, Clèmerson Merlin. *Para uma dogmática constitucional emancipatória*. Belo Horizonte: Fórum, 2012.

CLÈVE, Clèmerson Merlin; LORENZETTO, Bruno Meneses. *Governo democrático e jurisdição constitucional*. Belo Horizonte: Fórum, 2016.

CLÈVE, Clèmerson Merlin; SARLET, Ingo Wolfgang; COUTINHO, Jacinto Nelson de Miranda; STRECK, Lenio Luiz; PANSIERI, Flávio. Perigo da criminalização judicial e quebra do Estado democrático de direito. *Conjur*,

2014. Disponível em: https://www.conjur.com.br/2014-ago-21/senso-incomum-criminalizacao-judicial-quebra-estado-democratico-direito. Acesso em: 10 jan. 2020.

DINIZ, Debora. Aborto: saúde das mulheres. *Ciência Saúde Coletiva*, Rio de Janeiro, v. 17, n. 7, 2012.

DINIZ, Debora. Quem autoriza o aborto seletivo no Brasil? Médicos, promotores e juízes em cena. *Physis: Revista de Saúde Coletiva*, v. 13, p. 251-272, 2003.

DWORKIN, Ronald M. *Levando os direitos à sério*. São Paulo: Martins Fontes, 2007.

DWORKIN, Ronald M. *O império do direito*. São Paulo: Martins Fontes, 2007.

FISS, Owen. *El derecho como razón pública*. Madrid: Marcial Pons, 2007.

FONTELES, Samuel Sales. *Direito e backlash*. Salvador: JusPodivm, 2021.

GADAMER, Hans-Georg. *Verdade e método*: traços fundamentais de uma hermenêutica filosófica. Tradução de Flávio Paulo Meurer. Nova revisão da tradução de Enio Paulo Giachini e Marcia Sá Cavalcante-Schuback. Petrópolis: Vozes, 2003.

GAMBINO, Lauren. Biden orders commission to study Supreme Court expansion and reform. *The Guardian*, 9 abr. 2021. Disponível em: https://www.theguardian.com/us-news/2021/apr/09/joe-biden-supreme-court-expansion-commission-reform. Acesso em: 4 maio 2021.

GARGARELLA, Roberto. *La justicia frente al gobierno*: sobre el carácter contramayoritario del poder judicial. Equador: Corte Constitucional del Ecuador para el Período de Transición, 2011.

GLEZER, Rubens. *Catimba constitucional*: o STF do antijogo à crise constitucional. Belo Horizonte: Arraes, 2020.

GLEZER, Rubens; MACHADO, Eloísa. Decide, mas não muda: STF e o Estado de Coisas Inconstitucional. *Jota*, 9 set. 2015. Disponível em: https://www.jota.info/opiniao-e-analise/artigos/decide-mas-nao-muda-stf-e-o-estado-de-coisas-inconstitucional-09092015. Acesso em: 4 maio 2021.

GRAU, Eros Roberto. *Ensaio e discurso sobre a interpretação/aplicação do direito*. São Paulo: Malheiros, 2009.

GRAU, Eros Roberto. *O direito posto e o direito pressuposto*. São Paulo: Malheiros, 2008.

GUASTINI, Riccardo. *Das fontes às normas*. São Paulo: Quartier Latin, 2005.

GUASTINI, Riccardo. *Distinguiendo*: estúdios de teoria y metateoría del derecho. Tradução de De Jordi Ferrer Beltran. Barcelona: Gedisa, 1999.

HART, Herbert L. A. *O conceito de direito*. Lisboa: Fundação Calouste Gulbenkian, 2007.

HENDERSON, M. Todd. From 'Seriatim' to consensus and back again: a theory of dissent. *SSRN*, 9 out. 2007. Disponível em: https://ssrn.com/abstract=1019074.

HESSE, Konrad. *A força normativa da Constituição*. Tradução de Gilmar Ferreira Mendes. Porto Alegre: Fabris, 1991.

HOCHSCHILD, Adam S. The modern problem of Supreme Court plurality decision: interpretation in historical perspective. *Journal of Law & Policy*, v. 4, 2000.

KUHN, Thomas S. *A estrutura das revoluções científicas*. São Paulo: Perspectiva, 2020.

LANDAU, David. Abusive constitutionalism. *UCDL Rev.*, v. 47, 2013.

LANDAU, David; DIXON, Rosalind. Constraining constitutional change. *Wake Forest L. Rev.*, v. 50, 2015.

LEVITSKY, Steven; ZIBLATT, Daniel. *How democracies die*. Portland: Broadway Books, 2018.

LOEWENSTEIN, Karl. Militant democracy and fundamental rights, I. *The American Political Science Review*, v. 31, n. 3, p. 417-432, 1937.

MARINONI, Luiz Guilherme. *Julgamento nas cortes supremas*: precedente e decisão do recurso diante do novo CPC. São Paulo: Thomson Reuters, 2015.

MARTEL, Letícia de Campos Velho *et al*. Direitos fundamentais indisponíveis: os limites e os padrões do consentimento para a autolimitação do direito fundamental à vida. *Espaço Jurídico Journal of Law – EJJL*, v. 13, n. 2, p. 405-408, 2012.

MELLO, Patrícia Perrone Campos. O Supremo Tribunal Federal: um tribunal de teses. *EMERJ*, Rio de Janeiro, v. 21, n. 3, t. 2, p. 443-467, set./dez. 2019.

MENDES, Conrado. *Constitutional courts and deliberative democracy*. Oxford: Oxford University Press, 2013.

MÜLLER, Friedrich. *Metodologia do direito constitucional*. 4. ed. rev., atual. e ampl. São Paulo: Revista dos Tribunais, 2010.

PEREIRA, Thomaz; ARGUELHES, Diego Werneck; ALMEIDA, Guilherme da Franca Couto Fernandes de. *VIII Relatório Supremo em Números*: quem decide no Supremo? – Tipos de decisão colegiada no tribunal. Rio de Janeiro: FGV Direito Rio, 2020. Série Novas Ideias em Direito. Disponível em: https://direitorio.fgv.br/publicacoes/viii-relatorio-supremo-em-numeros-quem-decide-no-supremo. Acesso em: 26 abr. 2021.

PONTES, João Gabriel Madeira. *Democracia militante em tempos de crise*. Rio de Janeiro: Lumen Juris, 2020.

POST, Robert; SIEGEL, Reva. Roe Rage: democratic constitutionalism and backlash. *Harvard Civil Rights-Civil Liberties Law Review*, 2007. Disponível em: http://ssrn.com/abstract=990968.

PRESIDENT Biden to Sign Executive Order Creating the Presidential Commission on the Supreme Court of the United States. *The White House*, 9 abr. 2021. Disponível em: https://www.whitehouse.gov/briefing-room/statements-releases/2021/04/09/president-biden-to-sign-executive-order-creating-the-presidential-commission-on-the-supreme-court-of-the-united-states/. Acesso em: 21 maio 2021.

RAWLS, John. *O liberalismo político*. São Paulo: Ática, 2000.

RAWLS, John. *Uma teoria da justiça*. Tradução de Carlos Pinto Correia. Lisboa: Presença, 1993.

SACCHETTO, Thiago Coelho. *Jurisdição constitucional transparente*: a função contramajoritária da TV Justiça. Rio de Janeiro: Lumen Juris, 2021.

SARMENTO, D.; PONTES, J. G. M. Democracia militante e a candidatura de Bolsonaro. *Jota*, 28 abr. 2018. Disponível em: https://www.jota.info/opiniao-e-analise/artigos/democracia-militante-e-a-candidatura-de-bolsonaro-24082018. Acesso em: 4 maio 2021.

SCHWARZ, Roberto. *Ao vencedor as batatas*: forma literária e processo social nos inícios do romance brasileiro. São Paulo: Editora 34, 2000.

SHEAR, Michael D.; HULSE, Carl. Biden. Creating commission to study expanding the Supreme Court. *The New York Times*, 9 abr. 2021. Disponível em: https://www.nytimes.com/2021/04/09/us/politics/biden-supreme-court-packing.html. Acesso em: 4 maio 2021.

SILVA, José Afonso da. Controle de constitucionalidade: variações sobre o mesmo tema. *Anuário Iberoamericano de Justicia Constitucional*, n. 6, p. 9-19, jan./dez. 2002.

SOUZA NETO, Cláudio Pereira de. *Democracia em crise no Brasil*: valores constitucionais, antagonismo político e dinâmica institucional. São Paulo: Contracorrente, 2020.

SOUZA NETO, Cláudio Pereira de. Democracia militante e jurisdição constitucional anticíclica. *Jota*, 16 maio 2020. Disponível em: https://www.jota.info/opiniao-e-analise/artigos/democracia-militante-e-jurisdicao-constitucional-anticiclica-16052020. Acesso em: 4 maio 2021.

STF. *Relatório de atividades 2020*. Brasília: STF, 2021. p. 29. Disponível em: http://www.stf.jus.br/arquivo/cms/publicacaoCatalogoProdutoConteudoTextual/anexo/RelatorioAtividadesSTF2020.pdf. Acesso em: 26 abr. 2021.

STRECK, Lenio Luiz. Estado de coisas inconstitucional é uma nova forma de ativismo. *Conjur*, 24 out. 2015.

STRECK, Lenio Luiz. *Verdade e consenso*: Constituição, hermenêutica e teorias discursivas. São Paulo: Saraiva, 2011.

SUNSTEIN, Cass R. If people would be outraged by their rulings should judges care? *The Social Science Research Network Electronic Paper Collection*. Disponível em: http://ssrn.com/abstract_id=965581.

SUNSTEIN, Cass R. Unanimity and Disagreement on the Supreme Court. *Cornell L. Rev.*, v. 100, 2014.

TARELLO, Giovanni. *Diritto, enunciati, usi*: studi di teoria e metateoria del diritto. Bologna: Società editrice il Mulino, 1974.

TEIXEIRA, Matheus. Só 1% das decisões do STF dos últimos 30 anos foi tomada em discussão presencial e aprofundada. *Folha de S.Paulo*, São Paulo, 21 set. 2020. Disponível em: https://www1.folha.uol.com.br/poder/2020/09/so-1-das-decisoes-do-stf-dos-ultimos-30-anos-foi-tomada-em-discussao-presencial-e-aprofundada.shtml. Acesso em: 26 abr. 2021.

THIEL, Markus (Ed.). *The 'militant democracy' principle in modern democracies*. Londres: Routledge, 2016.

VAN DER BROOCKE, Bianca Schneider; KOZICKI, Katya. A ADPF 347 e o "Estado de Coisas Inconstitucional": ativismo dialógico e democratização do controle de constitucionalidade no Brasil. *Revista Direito, Estado e Sociedade*, n. 53, 2019.

VECCHIATTI, P. R. I. *O STF, a homotransfobia e o seu reconhecimento como crime de racismo*. Análise e defesa da decisão do Supremo Tribunal Federal que reconheceu a homotransfobia como crime de racismo. 1. ed. Bauru: Spessoto, 2020. v. 1168.

VECCHIATTI, P. R. I. Racismo homotransfóbico e a população LGBTI como um grupo racializado. *Jota*, 28 ago. 2019. Disponível em: https://www.jota.info/opiniao-e-analise/artigos/racismo-homotransfobico-e-a-populacao-lgbti-como-um-grupo-racializado-28052019. Acesso em: 14 mar. 2021.

VIEIRA, Oscar Vilhena. Democracia militante. *Folha de S.Paulo*, 14 mar. 2021. Disponível em: https://www1.folha.uol.com.br/colunas/oscarvilhena vieira/2020/03/democracia-militante.shtml. Acesso em: 14 mar. 2021.

O SUPREMO TRIBUNAL FEDERAL E A AUTORIDADE CONSTITUCIONAL COMPARTILHADA

1 Introdução

Formula-se tese no sentido de que as decisões prolatadas, pelo Judiciário, em sede de fiscalização da constitucionalidade, diante da importância crescente dos casos de macropolítica, poderão ser mais bem legitimadas com a satisfação de dois requisitos: *primeiro*, a manifestação de deferência aos demais poderes na resolução dos conflitos e, *segundo*, a despretensão do exercício do monopólio sobre a definição dos sentidos disputados nos diferentes âmbitos institucionais, devendo, quando possível, compartilhar a autoridade que ostenta em matéria constitucional.

Entende-se que tais requisitos contribuiriam para o Supremo Tribunal bem transitar no universo das mudanças estruturais da política e, eventualmente, ajustando posicionamentos anteriores – após dialogar com os demais poderes ou com aqueles afetados pela decisão –, aperfeiçoar o seu processo decisório com a participação de outros atores políticos para além dos seus ministros.

O ciclo dos casos políticos levados aos tribunais manifesta-se da seguinte maneira: em um primeiro momento é transferida ao Judiciário a responsabilidade para responder a determinado assunto polêmico de forte apelo social, reforçando, portanto, o fenômeno da judicialização da política; na sequência, após a prolação da decisão, a parte derrotada procura mobilizar forças para contestar a tese vencedora, sem que isso signifique incumprimento da decisão judicial. Caso, em momento posterior, a mobilização social adquira tração suficiente para remodelar as instituições democráticas, caberá a um "novo" Tribunal revisar o precedente incômodo, sendo isso providenciado de modo explícito ou implícito.

2   A política nos tribunais

Diante da relativamente recente ascensão do Poder Judiciário, entende-se que, em termos *políticos*, cumpre questionar o monopólio de um órgão, com responsabilidade solitária e cristalizada, para a realização da interpretação constitucional e a definição da última palavra. Deve-se, ao invés, preservar as instituições democráticas para que disputas pelo correto sentido da Constituição possam florescer, o que não implica negação da importância da jurisdição constitucional ou da relevante função de pacificar conflitos e oferecer respostas para temas de alta relevância para a sociedade.

O compasso que guia a resiliência das instituições é norteado pela capacidade para, atravessando crises, manter incólume a funcionalidade. Este é um sinal de que, mesmo diante de turbulências, o levantamento das questões que definem a identidade nacional e são colocadas como relevantes para a construção da agenda do país continua a ser o motor dos agentes políticos.

O argumento não se coloca no sentido, um tanto ingênuo e difícil de ser verificado, de que as decisões dos tribunais deveriam tratar apenas de temas "jurídicos", como se fosse possível realizar uma divisão precisa entre casos de maior ou menor repercussão social, ou a imunização dos reflexos políticos dos litígios que, *prima facie*, interferem nos interesses de algumas pessoas. É inevitável que esta ou aquela decisão judicial, em maior ou menor escala, tangencie alguma dimensão política.

Tal afirmação não é nova e tampouco suscita polêmica. O reconhecimento de que as Cortes, mesmo ocupando posição institucional menos favorecida para a atuação nas situações que suponham mudança de elementos estruturantes da sociedade,[66] não apenas podem interferir, mas, de fato, interferem de maneira decisiva no jogo dos poderes, levou às diferentes configurações institucionais dos países que se renderam aos valores do constitucionalismo democrático.

Ao compartilharem um substrato comum de elementos como a limitação e a separação dos poderes, ou a proteção de direitos fundamentais, em um apanhado sintético de componentes do constitucionalismo democrático, pode-se afirmar que tais países definiram um papel maior ou menor para o Judiciário em razão de circunstâncias históricas e culturais – ainda que a judicialização da política tenha sido diagnosticada como crescente fenômeno internacional.

Basta contemplar as dessemelhanças entre os modelos de organização do Estado na França, na Inglaterra, nos Estados Unidos, no Brasil, na Alemanha, na Colômbia e na África do Sul para perceber que cada país desenhou suas instituições

---

[66] HAMILTON, A.; MADISON, J.; JAY, J. *The federalist papers*. New York: Signet Classics, 2003.

com maior ou menor capacidade de interferência na sociedade de acordo com elementos constitutivos da arquitetura nacional e, também, em correspondência com aquilo que seus agentes políticos compreenderam como os locais adequados para realizar mudanças ou para preservar os valores nucleares da sociedade.[67]

Tais países guardam em comum, ademais, valores disseminados após a Segunda Guerra Mundial no sentido da proteção dos direitos humanos. Porém, a questão não se coloca apenas sobre quais seriam tais valores, mas, com igual importância, sobre quais os espaços institucionais adequados para a sua promoção. Nesse sentido, Ran Hirschl constatou que nas últimas décadas ocorreu uma intensa transferência de poderes das instituições representativas para o Judiciário e que o conceito de supremacia constitucional passou a ser compartilhado por mais de uma centena de países.[68]

O ponto central do relatado fenômeno envolve o aumento da passagem de casos que pareciam, em sua origem, pertencentes às arenas deliberativas representativas, para a apreciação e decisão nas instâncias judiciais. Isto ocorreu, entre outros motivos, em razão do aprimoramento dos instrumentais relacionados à realização do controle de constitucionalidade, como reflexo da sedimentação do constitucionalismo moderno e da reconstrução de instituições democráticas após a queda dos regimes autoritários.

Nos regimes democráticos jovens, foram aprimorados os meios de exercício da jurisdição constitucional e passou-se a operar a transferência para os tribunais de parte significativa

---

[67] Um breve estudo sobre os modelos de cortes constitucionais foi feito por Louis Favoreu: FAVOREU, Louis. *As cortes constitucionais*. São Paulo: Landy, 2004.

[68] HIRSCHL, Ran. The new constitutionalism and the judicialization of pure politics worldwide. *Fordham Law Review*, v. 75, 2006. p. 721.

dos temas polêmicos discutidos na sociedade.[69] Isso criou a expectativa – bastante nítida nos últimos anos em solo brasileiro – de que assuntos de alta repercussão política "naturalmente" serão conduzidos ao Judiciário toda vez que um grupo relevante ou um partido sofra, na arena política tradicional, derrota na disputa pela interpretação de determinado dispositivo da Lei Fundamental.

Apesar de a tese da "expansão democrática" explicar a formação de Cortes mais fortes após a transição de determinados países para regimes guiados pelo contemporâneo constitucionalismo, Hirschl pontua que ela é insuficiente para tratar do crescimento da atuação jurisdicional em Estados com democracias já consolidadas.[70] Por isso, argumenta que o elastecimento do papel do Judiciário decorre de possível atuação estratégica e busca de preservação hegemônica por parte dos agentes políticos detentores de grande poder, os quais, de maneira consciente, perceberam que o Judiciário poderia ser um novo espaço para a realização de disputas políticas.[71]

A tese da preservação hegemônica possui um calibre mais amplo do que a tese da expansão democrática. Parece

---

[69] "O fortalecimento do Supremo Tribunal Federal pode ser explicado, também, em decorrência de outros fatores. O efeito vinculante de suas decisões, a repercussão geral no recurso extraordinário e a possibilidade de edição de súmulas vinculantes são mecanismos que foram acompanhados por novas técnicas de decisão como a interpretação conforme, a declaração de inconstitucionalidade sem redução de texto, o apelo ao legislador, a maior atenção ao instituto da reclamação, e propostas polêmicas como a vinculação à *ratio decidendi* e a transcendência dos motivos determinantes das decisões" (CLÈVE, Clèmerson Merlin; LORENZETTO, Bruno Meneses. Constituição Federal, controle jurisdicional e níveis de escrutínio. *Direitos Fundamentais & Justiça*, n. 32, jul./set. 2015. p. 109). No mesmo sentido: FONSECA, Juliana Pondé. The vanishing boundaries between technical and political: normativism and pragmatism in the Brazilian courts' adjustment of public policies. *Revista de Investigações Constitucionais*, v. 2, n. 3, set./dez. 2015. p. 67.

[70] HIRSCHL, Ran. The political origins of the new constitutionalism. *Indiana Journal of Global Legal Studies*, v. 11, 2004. p. 74.

[71] HIRSCHL, Ran. The political origins of the new constitutionalism. *Indiana Journal of Global Legal Studies*, v. 11, 2004. p. 85-86.

mais fácil diagnosticar as diversas maneiras pelas quais agentes políticos fazem uso do Judiciário como renovada instância deliberativa, mesmo que isso represente o parcial sacrifício do poder acumulado.[72] Um exemplo bastante disseminado caracteriza a transferência da responsabilidade para a tomada de decisões sabidamente impopulares, implicando redução de custos políticos para os parlamentares. Cede-se parte do poder político ao Judiciário; porém, no mesmo movimento, são transferidas igualmente as responsabilidades e os custos (institucionais e políticos) da decisão.

Logo, a responsabilidade pela providência de alta relevância social virá de lugar diverso do ocupado pelo parlamento. Isso ocorre não apenas em virtude de suposta usurpação do papel do legislador, mas, antes, do uso estratégico do Judiciário pelo Legislativo para prevenir eventual descontentamento de parcela significativa do eleitorado. A conduta esperada das Cortes diz respeito mais ao acumulado coerente de suas próprias decisões (precedentes, jurisprudência dominante etc.) do que à pura vontade popular.[73]

A presença recorrente de temas políticos no Judiciário ficou conhecida como judicialização da política. Esta, contudo, não pode ser confundida com o ativismo judicial,[74] que carac-

---

[72] HIRSCHL, Ran. The political origins of the new constitutionalism. *Indiana Journal of Global Legal Studies*, v. 11, 2004. p. 84.

[73] Não é incomum que magistrados de cortes constitucionais venham a assumir expressamente que suas decisões possam ter feições impopulares.

[74] "Sendo certo que o ativismo do Supremo Tribunal Federal não deve ser confundido com o de todo o Judiciário, as razões apresentadas para embasar uma postura menos deferente por parte da Corte são, em geral, as seguintes: i) a Constituição é uma Ordem Fundamental 'guardiã' de princípios substantivos e não apenas uma 'Lei Quadro'; ii) a defesa de direitos fundamentais e dos princípios fundamentais que estão na base de nossa comunidade política é tarefa do Judiciário; iii) tal tarefa reclama, muitas vezes, o uso de novas técnicas de decisão para fazer face à complexidade social nacional e promover sentidos de justiça constitucional; iv) o ativismo da Corte é subsidiário, aparecendo apenas nas circunstâncias de

teriza decisões expansivas, as quais cruzam as fronteiras, em geral, convencionadas para a atuação do Judiciário. Trata-se de uma atuação mais intensa nos espaços desenhados para o exercício da competência constitucional,[75] em uma definição sumária, caracterizando-se pela propensão acentuada dos tribunais para, operando polêmica intervenção, declarar um maior número de leis inconstitucionais.[76] Logo, uma Corte mais ativista exerce de maneira mais recorrente e com maior liberdade o controle de constitucionalidade, chegando mesmo a produzir, correta ou incorretamente, diante das injustificadas omissões do Legislativo, soluções normativas para casos controvertidos.[77]

A adesão a uma postura mais ativa ou deferente por parte do Judiciário pode, ademais, vir a ser cadenciada por matizes de diferentes espectros ideológicos. Não obstante, parece ser de fácil adesão o argumento no sentido de que, por mais clarividente que possa vir a ser a atividade jurisdicional, a Constituição é importante demais para que a autoridade interpretativa sobre seu sentido seja monopolizada pelos

---

inércia dos demais Poderes" (CLÈVE, Clèmerson Merlin; LORENZETTO, Bruno Meneses. Constituição Federal, controle jurisdicional e níveis de escrutínio. *Direitos Fundamentais & Justiça*, n. 32, jul./set. 2015. p. 108-109).

[75] BARROSO, Luís Roberto. Judicialização, ativismo judicial e legitimidade democrática. *Revista de Direito do Estado*, n. 13, jan./mar. 2009. p. 75.

[76] Não se ignora que, isoladamente, o aspecto quantitativo do exercício do controle de constitucionalidade pode ser frágil para caracterizar o ativismo. Não se afasta a possibilidade de que uma decisão isolada de uma Corte Constitucional tenha um impacto profundo em toda a estrutura da organização dos poderes. De qualquer maneira, é recorrente a caracterização dos momentos de uso mais intenso do controle de constitucionalidade, como mais propensos ao "cruzamento de fronteiras" entre poderes.

[77] De qualquer maneira, como observa Barry Friedman, a definição do sentido de ativismo não é pacífica e está permeada por inclinações ideológicas: FRIEDMAN, Barry. *The will of the people*: how public opinion has influenced the Supreme Court and shaped the meaning of the Constitution. New York: Farrar, Straus and Giroux, 2009. p. 343.

juízes. A diferença entre as vozes que procuram participar da conversa, cooperativa ou adversarial, para a determinação do sentido do texto constitucional encontra maior ou menor vazão de acordo com o papel institucional estabelecido pela própria Constituição para cada agente político.

Logo, a busca pela efetivação de direitos e a abrangência das decisões judiciais que envolvem temas políticos de alta intensidade – como exemplo, questões relacionadas às ações afirmativas, ao financiamento de campanhas eleitorais e ao casamento de pessoas do mesmo sexo –, capazes de realizar importantes mudanças nas relações intersubjetivas, são contingentes e dependentes da existência de condições técnicas – capacidade de adjudicação – mas, em igual medida, de um ambiente político que propicie sustentação à realização das transformações sociais protagonizadas "por cima", isto é, decorrentes de decisão de uma Corte composta por juízes cuja atividade não é estruturada para representar ou responder à vontade popular, mas, antes, fundada no notório saber jurídico de seus membros.

Por isso, observa Hirschl, quando as Cortes buscam plantar as "sementes da mudança social" em uma comunidade política, isso depende de condições socioculturais que acolham a judicialização, ou seja, apoiem transformações realizadas pela via judicial.[78] Um rol não exaustivo ajuda a ilustrar a tendência de trânsito de casos de macropolítica em direção ao Judiciário: a judicialização do processo eleitoral, as limitações às prerrogativas do Executivo, o controle do processo de formação da vontade coletiva ou de definição das estruturas políticas e a efetivação estrutural dos direitos fundamentais

---

[78] HIRSCHL, Ran. The new constitutionalism and the judicialization of pure politics worldwide. *Fordham Law Review*, v. 75, 2006. p. 725.

impondo dever de legislar ou ordem de proteção. Isso conduz ao que Hirschl chamou de "juristocracia".[79]

Pode-se observar, em tais circunstâncias, o crescimento da deferência do Legislativo perante o Judiciário, o transpassar das linhas estabelecidas para a tomada de decisões pelas Cortes, a redefinição de atribuições dos parlamentos e do Executivo e a judicialização de parte considerável da agenda política. Além dos casos de decisões concernentes ao processo eleitoral, alguns dos temas que passaram a ser decididos pelos tribunais poderiam encontrar, em um cenário prévio, uma resposta estabilizadora na esfera política.

No Brasil, nas últimas décadas, cumpre reconhecer, o aumento da atenção destinada ao Supremo Tribunal Federal acompanha a tendência presente em outros países no sentido de uma possível "juristocracia". A Corte, anota Oscar Vilhena Vieira, tornou-se mais presente na vida das pessoas, razão pela qual um crescente número de brasileiros se acostumou com a ideia de que questões fundamentais da política, da economia ou de moralidade pública serão decididas pelo Supremo Tribunal Federal.[80]

---

[79] HIRSCHL, Ran. *Towards juristocracy*: the origins and consequences of the new constitutionalism. Cambridge: Harvard University Press, 2007. p. 222-223.

[80] "A expansão da autoridade do Supremo Tribunal Federal e dos tribunais em geral não é, no entanto, um fenômeno estritamente brasileiro. Há hoje uma vasta literatura que busca compreender este fenômeno de avanço do direito em detrimento da política e consequente ampliação da esfera de autoridade dos tribunais em detrimento dos parlamentos" (VIEIRA, Oscar Vilhena. Supremo Tribunal Federal: o novo poder moderador. *In*: MOTTA, Carlos Guilherme; SALINAS, Natasha S. C. (Coord.). *Os juristas na formação do Estado-Nação brasileiro*: (de 1930 aos dias atuais). São Paulo: Saraiva, 2010. p. 511). No mesmo sentido: "[...] este perceptível processo de expansão da autoridade dos tribunais ao redor do mundo ganhou, no Brasil, contornos ainda mais acentuados. A enorme ambição do texto constitucional de 1988, somada à paulatina concentração de poderes na esfera de jurisdição do Supremo Tribunal Federal, ocorrida ao longo dos últimos vinte anos, aponta para uma mudança no equilíbrio do sistema de separação de poderes no Brasil" (VIEIRA, Oscar Vilhena. Supremocracia. *Revista Direito GV*, v. 4, n. 2, jul./dez. 2008. p. 444).

A *hiperconstitucionalização* de diversos aspectos da vida social responde à experimentação de certa desconfiança de considerável parcela da sociedade em relação aos mecanismos tradicionais de representação democrática. Como contrapartida do aumento das responsabilidades do Judiciário, para, entre outras atividades, guardar os compromissos constitucionais, acabou-se por mitigar parcela do protagonismo do sistema representativo.[81]

Outro fator que contribuiu para o aumento da presença do Supremo Tribunal Federal na cena política decorre do próprio *design* institucional projetado para a Corte. O Constituinte, preocupado em preservar a sua obra contra possíveis ataques do corpo político, conferiu ao Supremo Tribunal Federal amplos poderes de guardião constitucional. Ao Supremo Tribunal Federal foram atribuídas funções que, na maioria das democracias contemporâneas, estão divididas em pelo menos três tipos de instituições: tribunais constitucionais, órgãos judiciais da justiça comum ou especializada de primeira e segunda instâncias e tribunais de recursos de última instância.[82]

Por isso, apesar de ser fundamental tecer considerações a respeito das disputas pelos sentidos possíveis da Constituição, não afastando, portanto, a relevância das questões hermenêuticas e dos dilemas de ordem ideológica,[83] cumpre atentar

---

[81] VIEIRA, Oscar Vilhena. Supremo Tribunal Federal: o novo poder moderador. *In*: MOTTA, Carlos Guilherme; SALINAS, Natasha S. C. (Coord.). *Os juristas na formação do Estado-Nação brasileiro*: (de 1930 aos dias atuais). São Paulo: Saraiva, 2010. p. 512.

[82] VIEIRA, Oscar Vilhena. Supremo Tribunal Federal: o novo poder moderador. *In*: MOTTA, Carlos Guilherme; SALINAS, Natasha S. C. (Coord.). *Os juristas na formação do Estado-Nação brasileiro*: (de 1930 aos dias atuais). São Paulo: Saraiva, 2010. p. 517.

[83] POST, Robert C.; SIEGEL, Reva B. Democratic constitutionalism. *In*: BALKIN, Jack M.; SIEGEL, Reva B. *The Constitution in 2020*. Oxford: Oxford University Press, 2009. p. 26.

para a estrutura institucional projetada para o funcionamento do Judiciário e, em especial, do Supremo Tribunal Federal, e perceber como a competência constitucional atribuída pode ser exercida pela Corte para a intervenção, quando provocada, em temas controvertidos da política nacional.

Diante de um cenário em que se afirma que a Corte tem exercido prerrogativas funcionais alheias, uma das alternativas seria a adoção de postura inversa: a autocontenção. Esta, supostamente, conduziria a um fortalecimento da autoridade residual da Corte.[84]

Porém, o problema em modelos minimalistas de jurisdição constitucional está justamente nos limites que eles impõem aos magistrados. Se, por um lado, o minimalismo contribui para o reforço da doutrina do *stare decisis* envolvendo decisões emancipatórias, por outro lado, sua integral adoção bloquearia a possibilidade de os tribunais constitucionais avançarem na agenda progressista.[85] Além disso, o conjunto de competências e prerrogativas já definidas constitucionalmente para o Supremo Tribunal Federal e a sua jurisprudência parecem fluir em sentido contrário à busca de uma integral autorrestrição. A Corte certamente, conforme o caso, oscilará entre uma postura de controle mais ou menos intenso, operando escrutínio mais ou menos forte. O escrutínio mais intenso envolverá,

---

[84] "Com a concentração de suas atividades no campo da jurisdição constitucional, com forte componente discricionário, o Tribunal, além de passar a decidir de forma apenas colegiada, também pode qualificar melhor o seu processo deliberativo. Hoje o que temos é a somatória de onze votos (que em um grande número de casos já se encontram redigidos antes da discussão em plenário) e não uma decisão da Corte, decorrente de uma robusta discussão entre os ministros" (VIEIRA, Oscar Vilhena. Supremo Tribunal Federal: o novo poder moderador. *In*: MOTTA, Carlos Guilherme; SALINAS, Natasha S. C. (Coord.). *Os juristas na formação do Estado-Nação brasileiro*: (de 1930 aos dias atuais). São Paulo: Saraiva, 2010. p. 530).

[85] POST, Robert C.; SIEGEL, Reva B. Democratic constitutionalism. *In*: BALKIN, Jack M.; SIEGEL, Reva B. *The Constitution in 2020*. Oxford: Oxford University Press, 2009. p. 32.

em geral, resposta à violação, sistêmica ou isolada, de direito fundamental. Os casos reclamando autorrestrição cuidarão, em princípio, da atuação dos demais poderes, sobretudo do Legislativo, no exercício de atribuição típica de natureza política.

3 O silêncio dos outros (poderes)

A ascensão do Judiciário nem sempre ocorre em um vácuo de poder. Ao contrário do que pode parecer, a maior interferência das cortes constitucionais decorre do uso estratégico de agentes políticos interessados que aproveitam a emergência de uma nova instância para dirigir seus apelos em um cenário de perda do poder, de fragmentação da coalizão governamental ou de derrota de teses políticas. A procura do Judiciário deriva, então, tanto de fatores políticos – que conferem suporte institucional – como de fatores técnicos, constituindo exemplo o aprimoramento dos meios de provocação da jurisdição constitucional.

A transferência de poder decorrerá, ademais, da aparência – muitas vezes verdadeira – de melhor funcionamento sistêmico do Judiciário em comparação com os demais espaços de decisão. Instituições judiciais são percebidas pelos agentes políticos como espaços que experimentam – via de regra – melhor reputação devido à exigência de imparcialidade dos seus membros.[86]

Quando o sistema político é disfuncional na apresentação de soluções para temas políticos controvertidos, mais fácil se torna a expansão do Judiciário. O argumento, geralmente,

---

[86] HIRSCHL, Ran. The new constitutionalism and the judicialization of pure politics worldwide. *Fordham Law Review*, v. 75, 2006. p. 744.

é exposto em paralelo às críticas sobre a morosidade ou outro inconveniente da atuação judicial. A judicialização da política, entretanto, não pode ser explicada pelo tempo médio dispendido para a tomada da decisão ou pela obrigatoriedade da resposta do Judiciário. A explicação encontra-se na possibilidade de eliminação dos riscos que o agente político corre quando decide sobre questões políticas controvertidas.[87]

Para Mark Graber, motivo que impulsionou, nos Estados Unidos, o poder da Suprema Corte para realizar o controle de constitucionalidade foi a incapacidade ou a falta de vontade de dada coalizão política nacional para decidir uma disputa pública.[88] Em tais casos, o Judiciário não está a ocupar um "espaço vazio" deixado de maneira não intencional pelos legisladores; ao contrário, os atores políticos convidam a Suprema Corte a solucionar conflitos que eles não poderiam ou não gostariam de dirimir.

No Brasil, os exemplos da descriminalização do aborto de feto anencefálico[89] e da união estável de pessoas do mesmo sexo[90] contribuem para indicar que o diagnóstico de Graber pode cruzar fronteiras. Por motivos de várias ordens – como o conservadorismo de parcela dos eleitores, a influência de argumentos de ordem religiosa e a presença de grupos de interesse –, percebe-se que o custo político de uma eventual aprovação das demandas mencionadas poderia repercutir de maneira negativa em futuras eleições de políticos filiados às várias agremiações partidárias.

---

[87] GRABER, Mark A. The nonmajoritarian difficulty: Legislative deference to the Judiciary. *Studies in American Political Development*, n. 7, 1993. p. 37-38.
[88] GRABER, Mark A. The nonmajoritarian difficulty: Legislative deference to the Judiciary. *Studies in American Political Development*, n. 7, 1993. p. 36.
[89] ADPF nº 54. Rel. Min. Marco Aurélio, j. 12.4.2012. *DJe*, 19 abr. 2012.
[90] ADPF nº 132. Rel. Min. Ayres Britto, j. 5.5.2011. *DJe*, 14 out. 2011.

Aliás, as questões levadas ao Judiciário encontram abrigo na legitimação ativa para a provocação do controle abstrato de constitucionalidade por diversos órgãos ou entidades, inclusive os partidos políticos com representação no Congresso Nacional (art. 103, VII – CF).

Assim, além do desenho institucional expresso na Constituição, percebe-se que a judicialização da política acaba por se transformar em via de mão dupla,[91] eis que serve à oposição, que pode forçar nova rodada deliberativa sobre tese derrotada no Parlamento ou sobre política da qual discorde, servindo também para a bancada majoritária, pois, sendo impopular a sua agenda ou não convencendo número vitorioso sobre determinado assunto, o Supremo Tribunal Federal surge como possível esfera vantajosa de deliberação.

No caso do julgamento da ADPF nº 186,[92] que reconheceu a constitucionalidade das cotas raciais para ingresso na Universidade de Brasília, o Partido Democratas (DEM) se opôs às providências que introduziram a ação afirmativa por entender que a adoção de "políticas afirmativas racialistas", nos moldes estabelecidos pela UnB, seria incompatível com as "especificidades brasileiras". Independentemente da derrota da posição do partido, o julgamento comprova o uso do Supremo como lugar de enfrentamento voltado à defesa de suas teses.

---

[91] A tese da preservação hegemônica funciona, por isso, tanto para governistas como opositores: "The judicialization of mega-politics may also be driven by 'hegemonic preservation' attempts taken by influential sociopolitical groups fearful of losing their grip on political power. Such groups and their political representatives are more likely to delegate to the judiciary formative nation-building and collective-identity questions when their worldviews and policy preferences are increasingly challenged in majoritarian decision-making arenas" (HIRSCHL, Ran. The new constitutionalism and the judicialization of pure politics worldwide. *Fordham Law Review*, v. 75, 2006. p. 745).

[92] ADPF nº 186. Rel. Min. Ricardo Lewandowski, j. 31.7.2009. *DJe*, 7 ago. 2009.

No julgamento do financiamento de campanhas eleitorais por pessoas jurídicas, ainda que o autor da ADI nº 4.650[93] tenha sido o Conselho Federal da OAB, a posição da maioria do Supremo Tribunal Federal (ao declarar a inconstitucionalidade dos dispositivos legais que permitiam a doação de pessoas jurídicas) encontrava-se em sintonia com a do governo. Tanto que, em um primeiro momento, em 9.9.2015, o Plenário da Câmara havia derrubado a decisão do Senado que proibia o financiamento privado de campanhas. A decisão da Colenda Corte foi tomada em 17.9.2015 e, no dia 24 do mesmo mês, a Presidente Dilma Rousseff seguiu a orientação da Corte ao vetar o dispositivo legal que autorizava referido tipo de financiamento eleitoral. O veto presidencial teve como fundamento a decisão do Supremo Tribunal Federal em sentido oposto ao que a maioria dos parlamentares havia decidido; no caso aludido, o Supremo serviu como instância decisória favorável ao governo.

Há outros exemplos a sustentar o argumento de que os partidos efetivamente utilizam a estrutura institucional do Supremo Tribunal Federal para endereçar diferentes tipos de demandas políticas: ADPF nº 347,[94] na qual o Partido Socialismo e Liberdade (PSOL) requereu o reconhecimento da violação sistemática dos direitos fundamentais dos presos no Brasil e do *Estado de coisas inconstitucional* no sistema prisional nacional; ADI nº 3.112,[95] de autoria do Partido Trabalhista Brasileiro (PTB) e do Partido Democrático Trabalhista (PDT), através da qual contestaram dispositivos da Lei nº 10.826/2003, conhecida como Estatuto do Desarmamento; ADI nº 1.351,[96]

---

[93] ADI nº 4.650. Rel. Min. Luiz Fux, j. 17.9.2015.
[94] ADPF nº 347. Rel. Min. Marco Aurélio, j. 9.9.2015.
[95] ADI nº 3.112. Rel. Min. Ricardo Lewandowski, j. 2.5.2007. *DJe*, 26 out. 2007.
[96] ADI nº 1.351. Rel. Min. Marco Aurélio, j. 7.12.2006. *DJ*, 30 mar. 2007.

na qual o Partido Comunista do Brasil (PC do B) e outros questionaram a constitucionalidade de dispositivos da Lei nº 9.096/1995 (Lei dos Partidos Políticos) tratando da "cláusula de barreira"; e a ADC nº 29,[97] de autoria do Partido Popular Socialista (PPS), por meio da qual se postulou a declaração da constitucionalidade da Lei Complementar nº 135/2010 (Lei da Ficha Limpa) e, inclusive, de sua incidência sobre fatos pretéritos à vigência do diploma normativo.

Os casos foram listados com a finalidade de sustentar os argumentos teóricos suscitados, tanto a incapacidade ou a falta de vontade de dada coalizão política para decidir alguma disputa pública, como a judicialização da política como via de mão dupla, forçando nova rodada deliberativa provocada pela oposição ou pela bancada governista. Não se busca discutir, aqui, se os casos foram decididos de maneira adequada ou não pelo Supremo Tribunal Federal. O elenco dos julgados serve para ilustrar discurso mais singelo, qual seja, que a judicialização da política e, em certo grau, o ativismo judicial não podem ser interpretados como derivados exclusivamente da suposta "fome de poder" ou da busca pelo monopólio da interpretação constitucional por parte do Judiciário, sem que o olhar também incida sobre os arranjos políticos que permitem que tais fenômenos ganhem corpo e reconfigurem as fronteiras institucionais. A preeminência do Judiciário, por isso, não surge sem o apoio, ainda que envergonhado, dos outros poderes.

Além disso, a Constituição, mesmo ante disputas interpretativas que a circundam, possui a característica de desafiar a temporalidade curta de parte dos debates políticos. É um documento que estabelece os compromissos constitutivos da

---

[97] ADC nº 29. Rel. Min. Luiz Fux, j. 16.2.2012. *DJe*, 29 jun. 2012.

comunidade política e, por isso, funciona como uma "reserva de justiça" tanto para o sistema jurídico como para o político por ela instituídos.[98]

Fonte contínua de respostas para as questões mais controvertidas, as constituições modernas, ostentando a condição de leis hierarquicamente superiores, testemunharam a edificação, aqui e ali, de cortes constitucionais responsáveis pela sua guarda.[99] A redação do *caput* do art. 102 – CF é eloquente: "Compete ao Supremo Tribunal Federal, precipuamente, a guarda da Constituição, cabendo-lhe [...]". É competência da Corte, portanto, assegurar a ordem constitucional e proteger os acordos constitutivos da comunidade política.

Sem referida tarefa, sem a elevação da Corte Suprema ao papel de autoridade cuja leitura da Carta vincula, temia-se o retorno interminável dos embates políticos e a desintegração das instituições democráticas.[100] Contudo, desde que apareceram, os tribunais constitucionais convivem com a disputa a propósito da definição de quem deve ser o intérprete privilegiado da Lei Fundamental. Na Europa continental

---

[98] "Ao retirar do âmbito de deliberação majoritária aqueles direitos, princípios e instituições que constituem a reserva de justiça da Constituição, as cláusulas superrígidas se transformam em legítimo instrumento de preservação da democracia, paradoxalmente, ao limitá-la" (VIEIRA, Oscar Vilhena. A Constituição como reserva de justiça. *Lua Nova*, n. 42, 1997. p. 61). Ver também: CANOTILHO, J. J. Gomes. *Direito constitucional e teoria da Constituição*. 7. ed. Coimbra: Almedina, 2003.

[99] KELSEN, Hans. *Jurisdição constitucional*. São Paulo: Martins Fontes, 2007.

[100] "A defesa da CR representa o encargo mais relevante do STF. O STF – que é o guardião da Constituição, por expressa delegação do Poder Constituinte – não pode renunciar ao exercício desse encargo, pois, se a Suprema Corte falhar no desempenho da gravíssima atribuição que lhe foi outorgada, a integridade do sistema político, a proteção das liberdades públicas, a estabilidade do ordenamento normativo do Estado, a segurança das relações jurídicas e a legitimidade das instituições da República restarão profundamente comprometidas. O inaceitável desprezo pela Constituição não pode converter-se em prática governamental consentida. Ao menos, enquanto houver um Poder Judiciário independente e consciente de sua alta responsabilidade política, social e jurídico-institucional" (ADI nº 2.010-MC. Rel. Min. Celso de Mello, j. 30.9.1999. *DJ*, 12 abr. 2002).

a resposta de Carl Schmitt a Hans Kelsen foi a de que o Presidente do Reich seria o legítimo guardião da Constituição por este ter sido submetido ao crivo da vontade popular.[101] Nos Estados Unidos, mesmo diante do histórico julgamento do caso *Marbury v. Madison* (1803), no qual o *Justice* Marshall afirmou ser dever do Judiciário dizer "aquilo que é o direito", abriu-se espaço para a cooperação de distintos intérpretes da Constituição, tendo o próprio Marshall reconhecido, no final de suas razões em Marbury, que outras instituições políticas também participam ativamente da interpretação constitucional, devendo ser aceitas como detentoras de autoridade.[102]

No mesmo sentido, a função de guarda da Constituição do nosso Supremo pode se coadunar com as leituras enfatizando que a Lei Fundamental é um documento importante demais para ficar sob a responsabilidade de apenas um dos órgãos constitucionais.[103] Assim, o sentido substantivo que o Supremo Tribunal Federal fixa em uma decisão pode, no futuro, ser objeto de contestação, *backlash*,[104] e, até mesmo, de revisão, uma vez mobilizadas forças políticas orientadas

---

[101] "A Constituição busca, em especial, dar à autoridade do presidente do Reich a possibilidade de se unir diretamente a essa vontade política da totalidade do povo alemão e agir, por meio disso, como guardião e defensor da unidade e totalidade constitucionais do povo alemão" (SCHMITT, Carl. *O guardião da Constituição*. Belo Horizonte: Del Rey, 2007. p. 234).

[102] *Marbury v. Madison* (1803).

[103] "Todos os atos estatais que repugnem a Constituição expõem-se à censura jurídica dos tribunais, especialmente porque são írritos, nulos e desvestidos de qualquer validade. A Constituição não pode submeter-se à vontade dos poderes constituídos e nem ao império dos fatos e das circunstâncias. A supremacia de que ela se reveste – enquanto for respeitada – constituirá a garantia mais efetiva de que os direitos e as liberdades não serão jamais ofendidos. Ao STF incumbe a tarefa, magna e eminente, de velar por que essa realidade não seja desfigurada" (ADI nº 293-MC. Rel. Min. Celso de Mello, j. 6.6.1990. *DJ*, 16 abr. 1993).

[104] KRONKA, Bruno Ávila Fontoura. *O efeito backlash como estímulo à accountability do sistema de justiça brasileiro*. Belo Horizonte: Dialética, 2020.

para a alteração da intelecção vitoriosa na Corte. Em tais circunstâncias, ao Tribunal incumbiria, entre as medidas aventadas, enfrentar o câmbio nos precedentes ou costurar ônus argumentativo mais elevado para manter a "narrativa" decisória estabelecida.[105]

4 Autoridade constitucional compartilhada

Um dos principais desafios apresentados às cortes constitucionais consiste na mediação das tensões desenvolvidas na sociedade, oferecendo respostas adequadas em momentos de mudança ou de estabilização contestada. Além de assumir posições que variam entre ativismo e deferência, a Corte Constitucional também é instada a decidir entre a conservação dos valores fundantes da comunidade política e a renovação da leitura da Constituição.

A atividade que, em um primeiro momento, parece ambivalente, pode ser compreendida com o auxílio do conceito de *auctoritas*. Hannah Arendt, ao enfatizar a origem romana da palavra e do conceito de autoridade, procurou equacionar a paradoxal dimensão temporal que esta supõe. A palavra *auctoritas* deriva do verbo *augere*, aumentar, indicando aquilo que é expandido pelos detentores da autoridade; é a fundação.[106] A autoridade dos vivos é sempre derivada, dependente dos fundadores (mortos). A autoridade, em contraposição à *potestas* (poder), encontra suas raízes no passado, "[...] mas esse

---

[105] Não se pode olvidar o caráter normativo da tese do "direito como integridade" defendida por Ronald Dworkin. Ela nem sempre encontra correspondência no "mundo dos homens". Ver: DWORKIN, Ronald. *O império do direito*. São Paulo: Martins Fontes, 2003. p. 276.

[106] ARENDT, Hannah. *Entre o passado e o futuro*. São Paulo: Perspectiva, 2007. p. 163-164.

passado não era menos presente na vida real da cidade que o poder e a força dos vivos".¹⁰⁷ A tensão entre constitucionalismo e democracia é circunscrita por este nada novo dilema entre o governo dos vivos e o governo dos mortos.

Ao estudar a Revolução Americana, Arendt entendeu que o modelo romano foi recebido de maneira quase "cega", e que, das várias inovações apresentadas na estrutura de governo dos Estados Unidos, talvez a mais significativa tenha sido a mudança do *locus* da autoridade, que transitou do seu lugar de origem, Senado romano, para o Judiciário.¹⁰⁸ Após ressaltar trechos de *O federalista*, em especial a famosa passagem do n. 78, em que se afirma que o Judiciário é o mais fraco dos poderes,¹⁰⁹ Arendt é assertiva: "[...] é a falta de poder, somada à permanência no cargo, que indica que a verdadeira sede de autoridade na república americana é o Supremo Tribunal".¹¹⁰

Porém, ainda que a distinção entre *auctoritas* e *potestas* mantenha traços romanos, o conceito de autoridade derivado da Revolução Americana é diverso, pois a autoridade romana, segundo Arendt, desapareceu do mundo moderno.¹¹¹ Enquanto em Roma o Senado funcionava como uma instância de "conselhos" dados por aqueles que reencarnavam os ancestrais, a função da Suprema Corte seria interpretativa, o Tribunal ostentando autoridade derivada de um documento escrito e da competência nele prescrita.

Ora, a Constituição traz consigo ambivalências similares

---

[107] ARENDT, Hannah. *Entre o passado e o futuro*. São Paulo: Perspectiva, 2007. p. 164.
[108] ARENDT, Hannah. *Sobre a revolução*. São Paulo: Companhia das Letras, 2011. p. 256-257.
[109] HAMILTON, A.; MADISON, J.; JAY, J. *The federalist papers*. New York: Signet Classics, 2003. p. 464.
[110] ARENDT, Hannah. *Sobre a revolução*. São Paulo: Companhia das Letras, 2011. p. 257-258.
[111] ARENDT, Hannah. *Entre o passado e o futuro*. São Paulo: Perspectiva, 2007. p. 127.

às da *auctoritas*, pois remete tanto ao ato constituinte (mortos), a fundação, como ao documento resultante deste momento anterior, a Carta, o texto escrito que é objeto de interpretação pela Suprema Corte (vivos).[112]

Por conseguinte, a autoridade da Constituição não estaria pautada por sua perfeição nem por um momento inicial de força ou violência, mas, antes, pela concordância dos membros da comunidade política em tratar o evento de fundação como o ponto de partida para todas as atividades políticas subsequentes, da necessidade de um ponto de referência a partir do qual se concorda que os compromissos fundamentais que constituem a *polis* deverão ser preservados.

A equação da autoridade constitucional não está em tratar a Carta Magna como um documento sagrado e imutável. Sendo objeto de interpretação, é inevitável que possa ser remodelada.[113] Se, por um lado, a Constituição – ou, ao menos, o seu núcleo duro – é algo perene e desafia a temporalidade curta ou acelerada das disputas políticas, por outro lado, ela pode ser observada por ângulos distintos e desafiar interpretações decorrentes de diferentes atores políticos.

Um passo além da noção da *auctoritas* permite perceber diferentes disputas a respeito da extensão da autoridade do Judiciário. Se, no caso dos Estados Unidos, os embates sobre a autoridade judicial ocorreram dentro da moldura constitucional, é possível observar a emergência da juristocracia por

---

[112] "E podemos nos sentir tentados inclusive a predizer que a autoridade da república continuará incólume e segura enquanto o ato em si, o início como tal, for rememorado sempre que surgirem questões constitucionais no sentido mais estrito da palavra" (ARENDT, Hannah. *Sobre a revolução*. São Paulo: Companhia das Letras, 2011. p. 262).

[113] WALDRON, Jeremy. Arendt's constitutional politics. *In*: VILLA, Dana. *The Cambridge Companion to Hannah Arendt*. Cambridge: Cambridge University Press, 2000. p. 213.

meio de sucessivas decisões que procuraram determinar a Suprema Corte como a "última intérprete da Constituição".[114] Em democracias mais recentes, as condições para tal fenômeno não encontravam espaço institucional para se manifestar até a ascensão do constitucionalismo democrático.[115] Nos cenários reportados é inafastável a participação de atores políticos favorecendo não apenas o controle de constitucionalidade, mas, também, a construção da supremacia judicial.[116]

Do mesmo modo que a deferência é o inverso do ativismo, a distribuição da autoridade constitucional pode ser o oposto da juristocracia. Ao se mudar o foco para o compar-

---

[114] Ver: *Baker v. Carr* (1962), em que a Suprema Corte afirmou ser a "última intérprete da Constituição"; *U.S. v. Nixon* (1974), em que a Suprema Corte alegou que o poder de interpretar a Constituição não pode ser divido pelo Judiciário assim como o Executivo não pode dividir o poder de veto do chefe do Executivo; *City of Boerne v. Flores* (1997), em que a Corte afirmou que, se o Congresso pudesse definir os seus próprios poderes, alterando o sentido da Décima Quarta Emenda, a Constituição seria mais uma lei superior, e se colocaria no nível de outros atos legislativos ordinários.

[115] O Supremo Tribunal Federal defendeu que a ele caberia o monopólio da última palavra sobre a interpretação da Constituição: "A força normativa da CR e o monopólio da última palavra, pelo STF, em matéria de interpretação constitucional. O exercício da jurisdição constitucional – que tem por objetivo preservar a supremacia da Constituição – põe em evidência a dimensão essencialmente política em que se projeta a atividade institucional do STF, pois, no processo de indagação constitucional, assenta-se a magna prerrogativa de decidir, em última análise, sobre a própria substância do poder. No poder de interpretar a Lei Fundamental, reside a prerrogativa extraordinária de (re)formulá-la, eis que a interpretação judicial acha-se compreendida entre os processos informais de mutação constitucional, a significar, portanto, que 'A Constituição está em elaboração permanente nos tribunais incumbidos de aplicá-la'. Doutrina. Precedentes. A interpretação constitucional derivada das decisões proferidas pelo STF – a quem se atribuiu a função eminente de 'guarda da Constituição' (CF, art. 102, caput) – assume papel de essencial importância na organização institucional do Estado brasileiro, a justificar o reconhecimento de que o modelo político-jurídico vigente em nosso País confere, à Suprema Corte, a singular prerrogativa de dispor do monopólio da última palavra em tema de exegese das normas inscritas no texto da Lei Fundamental" (ADI nº 3.345. Rel. Min. Celso de Mello, j. 25.8.2005. *DJe*, 20 ago. 2010).

[116] WHITTINGTON, Keith E. *Political foundations of judicial supremacy*: the presidency, the Supreme Court, and constitutional leadership in U.S. history. Princeton: Princeton University Press, 2007. p. 4.

tilhamento da autoridade constitucional e alocar a responsabilidade pela interpretação da Constituição entre os distintos órgãos constitucionais, é possível não apenas reduzir os conflitos entre os poderes,[117] mas também enfatizar a sujeição de todos à Constituição que, por seu turno, não substancia domínio exclusivo de nenhum deles.

Se todos devem se submeter à normativa constitucional, cabe também distribuir a autoridade interpretativa a respeito da definição do seu sentido. Logo, mesmo aqueles que eventualmente criticam determinada decisão judicial devem compreender que alguma instituição precisa assumir a autoridade constitucional. Como observa Keith Whittington, o direito constitucional convive com um campo mais amplo, que é o da política constitucional, sendo certo que os limites e conteúdos do direito poderão, até certo ponto, ser moldados por esta política.[118] A autoridade constitucional guarda natureza dinâmica, podendo ser objeto de contestação política. O Judiciário, não há dúvida, é um importante e decisivo participante do processo; contudo, estarão equivocados aqueles que acreditam dever ele atuar só, como um titular de domínio exclusivo, nesse cenário.

Deve-se considerar, ademais, a ênfase conferida à última palavra ou aos diálogos institucionais por cada ator político. Por mais que a supremacia do Judiciário dependa do interesse de agentes políticos externos para ocorrer, o compartilhamento da autoridade sobre a Constituição possui

---

[117] WHITTINGTON, Keith E. *Political foundations of judicial supremacy*: the presidency, the Supreme Court, and constitutional leadership in U.S. history. Princeton: Princeton University Press, 2007. p. 14.

[118] WHITTINGTON, Keith E. *Political foundations of judicial supremacy*: the presidency, the Supreme Court, and constitutional leadership in U.S. history. Princeton: Princeton University Press, 2007. p. 26-27.

maior probabilidade de ser efetivado entre atores desejosos de participar de diálogos do que entre aqueles que procurem reafirmar o monopólio da última palavra sobre a interpretação da Constituição.[119]

Segundo Graber, as leituras constitucionais de um ramo do governo influenciam as dos demais. Além disso, os membros de um ramo muitas vezes consentem que membros de outro tomem decisões constitucionais (retome-se o exemplo das decisões sobre financiamento de campanhas eleitorais por pessoas jurídicas).[120] Uma forma de incentivar a prática dos diálogos institucionais, portanto, reside no compartilhamento da autoridade constitucional. Tome-se a situação hipotética em que o Supremo Tribunal Federal, após reconhecer que dado tema envolve disputa política, tendo o ato normativo impugnado sido aprovado no Congresso por pequena diferença de votos, é instado a participar de mais uma rodada deliberativa por meio de ADI aforada pela oposição. Na sequência do ajuizamento da ação, observa a emergência de intenso debate entre os cidadãos e nos meios de comunicação sobre o caso, considerado de grande relevância política e social para o país.

Perante tal cenário, ao menos três alternativas aparecem. Primeira, havendo margem hermenêutica para tanto, a Corte pode assumir postura deferente e afirmar a consti-

---

[119] "[...] deve-se reconhecer que a experiência brasileira, no essencial, confirma as credenciais consequencialistas e epistêmicas da teoria dos diálogos constitucionais. Com efeito, a possibilidade de aprovação de emendas constitucionais permitiu que fossem superadas decisões do STF que, embora fundadas em elementos técnicos e textuais, produziam efeitos práticos muito ruins. Já o STF contribuiu bastante para a solução de problemas constitucionais nos quais o Congresso Nacional simplesmente não conseguia cumprir o seu dever constitucional de legislar, ou em que a norma editada não lograva transcender a influência de grupos de interesses especialmente articulados em sede parlamentar" (BRANDÃO, Rodrigo. *Supremacia judicial versus diálogos constitucionais*: a quem cabe a última palavra sobre o sentido da Constituição? Rio de Janeiro: Lumen Juris, 2012. p. 299).
[120] GRABER, Mark A. *A new introduction to American constitutionalism*. Oxford: Oxford University Press, 2013. p. 103.

tucionalidade da lei questionada, propiciando nova derrota à oposição. Segunda, pode desenvolver postura contramajoritária, declarar a lei inconstitucional e afirmar que o faz em defesa da Constituição e ultrapassando as paixões momentâneas da maioria – garantindo vitória à oposição. Por fim, há a alternativa da prolação de decisão dotada de limitada abrangência e com motivação decorrente do manejo de argumentos circunscritos aos aspectos essenciais do caso, restando a responsabilidade para a disciplina das minúcias ou para o aperfeiçoamento legislativo com outros agentes políticos.[121] Em tal circunstância, o Supremo Tribunal Federal não se furta ao dever de decidir; porém, deixa em aberto espaços para outras construções políticas em ambientes institucionais distintos.

Um dos efeitos esperados do compartilhamento da autoridade constitucional é o incentivo à participação popular, ao permitir que cidadãos e movimentos políticos também possam se manifestar sobre os temas de política constitucional e acompanhar a construção das soluções.[122]

Nas três hipóteses suscitadas previamente, a decisão judicial pode, eventualmente, ser contestada por aqueles que tiveram sua leitura derrotada. Para que mudanças interpretativas ocorram, entretanto, faz-se necessário mobilizar forças políticas suficientes para a superação da compreensão estabelecida.

Uma das premissas do constitucionalismo democrático consiste na relação de dependência entre a autoridade da

---

[121] GRABER, Mark A. *A new introduction to American constitutionalism*. Oxford: Oxford University Press, 2013. p. 125. Cass Sunstein defende a formação de acordos que não foram teorizados por completo: SUNSTEIN, Cass. Incompletely theorized agreements. *Harvard Law Review*, v. 108, n. 7, 1995. p. 1735-1736.

[122] GRABER, Mark A. *A new introduction to American constitutionalism*. Oxford: Oxford University Press, 2013. p. 138.

Constituição e sua legitimação democrática. A Constituição precisa dialogar com os cidadãos para ser tratada não como um documento vazio, mas, antes, como um dos elementos (pilares) constitutivos da comunidade política.

Nos termos da lição de Robert Post e Reva Siegel, é importante convidar o cidadão a fazer a sua própria leitura da Constituição e, por meio dos mecanismos institucionais estabelecidos, sendo o caso, manifestar oposição ao governo quando julgar que este não a está respeitando.[123] Cabe ao governo, por sua vez, responder e, sendo o caso, resistir às demandas formuladas pelo povo. Tais intercâmbios implicam o compartilhamento da autoridade constitucional, permitindo que os configuradores do seu sentido sejam também aqueles que se submeterão aos seus comandos.

Para Post e Siegel, as cortes exercem, em razão da própria estrutura constitucional, uma autoridade particular de garantia da satisfação dos direitos. Por isso, ao passo que os cidadãos respeitam as Cortes como instituições com a responsabilidade de proteger valores fundamentais, a própria autoridade judicial para fazer com que a Constituição seja cumprida depende dos membros da comunidade política para se sustentar. Se as cortes tomarem decisões que ofendem convicções arraigadas, a cidadania ativa poderá construir caminhos de resistência, comunicando suas objeções e buscando interferir na atuação das instituições governamentais.[124]

Uma distinção que precisa ser feita para diminuir compreensíveis receios envolve as circunstâncias da decisão constitucional e a própria Constituição. Quando o povo ou a

---

[123] POST, Robert C.; SIEGEL, Reva B. Roe Rage: democratic constitutionalism and backlash. *Harvard Civil Rights-Civil Liberties Law Review*, v. 42, 2007.p. 374.

[124] POST, Robert C.; SIEGEL, Reva B. Roe Rage: democratic constitutionalism and backlash. *Harvard Civil Rights-Civil Liberties Law Review*, v. 42, 2007. p. 374.

oposição resistem a determinada interpretação constitucional assentada pela Corte ou, mesmo, praticada pelas agências governamentais, isso não significará, necessariamente, em condições normais de convivência democrática, ameaça à ordem constitucional. Faz parte do jogo democrático divergir. Por isso, quando os cidadãos: "[...] falam sobre os seus compromissos mais apaixonadamente estabelecidos na linguagem de uma tradição constitucional compartilhada, eles revigoram esta tradição".[125] De tal maneira, deve-se compreender que as resistências às interpretações constitucionais, mesmo aquelas das cortes, podem servir como contributo para o compartilhamento da autoridade constitucional e como mecanismo de reforço da legitimação democrática, exceto, claro, nos momentos de emergência do populismo constitucional e dos processos voltados à erosão das conquistas democráticas e à vulneração sistêmica dos direitos fundamentais.

5 Considerações finais

Pretendeu-se, com o presente texto, argumentar que a judicialização da política e o ativismo judicial nem sempre ocorrem em momentos de vazio de poder. E, mais, que os fenômenos podem funcionar em favor não apenas do governo como da oposição. É difícil, portanto, afirmar que a atuação das cortes constitucionais é sempre contramajoritária. Ela ocupa lugar no panorama mais amplo da política constitucional, ação que tensiona, eventualmente reconfigura, as estruturas de poder e confere oportunidade de maior presença da jurisdição na solução de temas políticos sensíveis.

---

[125] POST, Robert C.; SIEGEL, Reva B. Roe Rage: democratic constitutionalism and backlash. *Harvard Civil Rights-Civil Liberties Law Review*, v. 42, 2007. p. 374-375, tradução livre.

Também foi defendida a perspectiva de que, entre nós, a juventude da democracia e a atuação estratégica de grupos poderosos contribuem para a formação daquilo que tem sido chamado de *juristocracia*. Assim, como um dos remédios para o cruzamento de fronteiras, foi sugerida a adoção, quando possível, da noção de autoridade constitucional compartilhada.

Referências

ARENDT, Hannah. *Entre o passado e o futuro*. São Paulo: Perspectiva, 2007.

ARENDT, Hannah. *Sobre a revolução*. São Paulo: Companhia das Letras, 2011.

BARROSO, Luís Roberto. Judicialização, ativismo judicial e legitimidade democrática. *Revista de Direito do Estado*, n. 13, jan./mar. 2009.

BRANDÃO, Rodrigo. *Supremacia judicial versus diálogos constitucionais*: a quem cabe a última palavra sobre o sentido da Constituição? Rio de Janeiro: Lumen Juris, 2012.

CANOTILHO, J. J. Gomes. *Direito constitucional e teoria da Constituição*. 7. ed. Coimbra: Almedina, 2003.

CLÈVE, Clèmerson Merlin; LORENZETTO, Bruno Meneses. Constituição Federal, controle jurisdicional e níveis de escrutínio. *Direitos Fundamentais & Justiça*, n. 32, jul./set. 2015.

DWORKIN, Ronald. *O império do direito*. São Paulo: Martins Fontes, 2003.

FAVOREU, Louis. *As cortes constitucionais*. São Paulo: Landy, 2004.

FONSECA, Juliana Pondé. The vanishing boundaries between technical and political: normativism and pragmatism in the Brazilian courts' adjustment of public policies. *Revista de Investigações Constitucionais*, v. 2, n. 3, set./dez. 2015.

FRIEDMAN, Barry. *The will of the people*: how public opinion has influenced the Supreme Court and shaped the meaning of the Constitution. New York: Farrar, Straus and Giroux, 2009.

GRABER, Mark A. *A new introduction to American constitutionalism*. Oxford: Oxford University Press, 2013.

GRABER, Mark A. The nonmajoritarian difficulty: Legislative deference to the Judiciary. *Studies in American Political Development*, n. 7, 1993.

HAMILTON, A.; MADISON, J.; JAY, J. *The federalist papers*. New York: Signet Classics, 2003.

HIRSCHL, Ran. The new constitutionalism and the judicialization of pure politics worldwide. *Fordham Law Review*, v. 75, 2006.

HIRSCHL, Ran. The political origins of the new constitutionalism. *Indiana Journal of Global Legal Studies*, v. 11, 2004.

HIRSCHL, Ran. *Towards juristocracy*: the origins and consequences of the new constitutionalism. Cambridge: Harvard University Press, 2007.

KELSEN, Hans. *Jurisdição constitucional*. São Paulo: Martins Fontes, 2007.

KRONKA, Bruno Ávila Fontoura. *O efeito backlash como estímulo à accountability do sistema de justiça brasileiro*. Belo Horizonte: Dialética, 2020.

POST, Robert C.; SIEGEL, Reva B. Democratic constitutionalism. *In*: BALKIN, Jack M.; SIEGEL, Reva B. *The Constitution in 2020*. Oxford: Oxford University Press, 2009.

POST, Robert C.; SIEGEL, Reva B. Roe Rage: democratic constitutionalism and backlash. *Harvard Civil Rights-Civil Liberties Law Review*, v. 42, 2007.

SCHMITT, Carl. *O guardião da Constituição*. Belo Horizonte: Del Rey, 2007.

SUNSTEIN, Cass. Incompletely theorized agreements. *Harvard Law Review*, v. 108, n. 7, 1995.

VIEIRA, Oscar Vilhena. A Constituição como reserva de justiça. *Lua Nova*, n. 42, 1997.

VIEIRA, Oscar Vilhena. Supremo Tribunal Federal: o novo poder moderador. *In*: MOTTA, Carlos Guilherme; SALINAS, Natasha S. C. (Coord.). *Os juristas na formação do Estado-Nação brasileiro*: (de 1930 aos dias atuais). São Paulo: Saraiva, 2010.

VIEIRA, Oscar Vilhena. Supremocracia. *Revista Direito GV*, v. 4, n. 2, jul./dez. 2008.

WALDRON, Jeremy. Arendt's constitutional politics. *In*: VILLA, Dana. *The Cambridge Companion to Hannah Arendt*. Cambridge: Cambridge University Press, 2000.

WHITTINGTON, Keith E. *Political foundations of judicial supremacy*: the presidency, the Supreme Court, and constitutional leadership in U.S. history. Princeton: Princeton University Press, 2007.

CORTES CONSTITUCIONAIS COMO ATORES POLÍTICOS ESTRATÉGICOS

1 Introdução

Há três vertentes que buscam explicar a forma de atuação dos tribunais em sua relação com os demais poderes – a da *coalizão*, a *estratégica* e a *interpretativa*. Cumpre tratar, inicialmente, do caso *Marbury v. Madison* (1803), buscando iluminar a interação entre os órgãos constitucionais no momento da formulação da histórica decisão. Na sequência, importa considerar o papel das cortes no controle das políticas públicas e, com o auxílio da teoria de Robert Dahl, discorrer sobre a formação das coalizões para a escolha dos membros da Suprema Corte. Prosseguindo, o texto cuida da crítica da teoria da escolha racional à formulação de Dahl e encadeia concisa exposição sobre a atuação estratégica das cortes em sua interação com os outros atores políticos. No tópico final, o artigo trata dos questionamentos que a teoria institucional interpretativa realizou à tese da separação dos poderes como um jogo estratégico e considera os limites das teorias anteriores a respeito do processo decisório e as eventuais motivações que se colocam para além do radar conceitual da coalizão ou da teoria da escolha racional.

2 Marbury e a posição do juiz em uma democracia

O caso *Marbury v. Madison* (1803) é um ponto de referência recorrente no estudo da jurisdição constitucional. No caso, o *Chief Justice* Marshall formulou importantes questionamentos sobre a forma de governo e a natureza do documento constitucional. Considerou que a Constituição é escrita e que os poderes são limitados, uma coisa levaria à outra, ou seja, a Carta escrita circunscreveria o horizonte de atuação do Legislativo, sendo certo que a distinção entre governos com poderes limitados ou ilimitados ficaria borrada sem a delimitação de fronteiras entre os órgãos que se ocupam da república. Disso decorre o problema subsequente: quem teria o poder de decidir acerca da legitimidade da lei? Aqui, Marshall apresenta a famosa afirmação de que "é competência e dever do Judiciário dizer o que é o direito".[126] Aqueles que aplicam o direito ao caso concreto, prossegue Marshall, devem explicar e interpretar a lei; se duas leis estão em conflito, a Corte decidirá sobre a validade de cada uma delas.

O contexto por trás do caso envolve uma série de turbulências políticas que marcaram o início da história dos Estados Unidos. Nas eleições presidenciais de 1800, três candidatos disputavam o cargo de chefe do Executivo – o federalista John Adams (segundo presidente do país que buscava a reeleição), Thomas Jefferson (antifederalista) e Aaron Burr. Em termos gerais, a distinção entre federalistas e antifederalistas dizia respeito, sobretudo, à defesa de distintas concepções sobre os papéis do governo nacional e dos estados-membros na federação. John Adams foi derrotado; porém, houve um im-

---

[126] *Marbury v. Madison* (1803).

passe no colégio eleitoral entre Jefferson e Burr. Isso levou o Legislativo a decidir que Jefferson seria o próximo presidente. Em 27.2.1801, o Congresso autorizou a nomeação de quarenta e dois novos juízes de paz para o Distrito de Colúmbia – juízes municipais. Além disso, o Congresso aprovou a criação de dezesseis novos cargos de juízes federais com o *Judiciary Act de 1801*.[127] Em 2.3.1801, a dois dias do fim de seu governo, John Adams nomeou os juízes, cuja maioria era federalista. O Senado, controlado pelos federalistas, confirmou as nomeações no dia seguinte. Por coincidência, a pessoa responsável pela selagem e envio das autorizações (*comissions*) para os novos juízes era John Marshall, que ocupava ao mesmo tempo os cargos de Secretário de Estado e *Chief Justice* da Suprema Corte dos Estados Unidos. Algumas das autorizações contendo o ato de nomeação acabaram por não ser entregues. O republicano Thomas Jefferson assumiu a presidência e determinou que seu Secretário de Estado, James Madison, descontinuasse o trabalho. William Marbury interpôs um *writ of mandamus* na Suprema Corte dos Estados Unidos em face de Madison para que as autorizações remanescentes fossem entregues. O caso enfureceu Jefferson, que determinou que seus procuradores ficassem calados durante a fase oral do processo. Entende-se que isso foi interpretado como um sinal por Marshall, que teria pensando que uma decisão desfavorável a Jefferson poderia levar a uma crise constitucional.[128]

---

[127] O caso ficou conhecido como "os juízes da meia-noite".
[128] Na decisão do caso, ficou estabelecido que a Suprema Corte não teria poder para determinar que o presidente (Jefferson) entregasse a autorização a Marbury. Esta conclusão permitiu que a Corte evitasse problemas políticos e, também, o constrangimento de que Jefferson não viesse a cumprir a determinação do Tribunal. Não deixa de ser paradoxal que o controle de constitucionalidade tenha sido estabelecido em um caso no qual a Corte chegou à conclusão de que ela não poderia fazer nada para remediar a ilegalidade oficial (STONE, Geoffrey *et al. Constitutional law*. 5. ed. New York: Aspen, 2005. p. 37).

Esses elementos contribuem para a compreensão da dimensão política do agir institucional da Corte Constitucional. Não se quer dizer, com isso, que todas as deliberações da Corte experimentem potência para interferir de maneira decisiva na dinâmica política. Cuida-se apenas da identificação, em um de seus marcos de origem, do tangenciamento da política pela jurisdição constitucional.

Outro aspecto está na distinção entre supremacia constitucional e supremacia judicial. Embora o caso tenha sido utilizado para fundamentar em termos argumentativos a construção, em manifestações posteriores, da supremacia judicial nos Estados Unidos,[129] originariamente não há muito na decisão de Marshall, analisada em seu contexto histórico, que pudesse justificar a detenção, pelo Judiciário, da palavra final sobre o sentido da Constituição. Aquilo que, de fato, é considerado um divisor de águas para a jurisdição constitucional reside na reivindicação, pela Suprema Corte, da competência para realizar o controle de constitucionalidade, mesmo que, em termos práticos, seu exercício tenha sido retomado, muito tempo depois, na trágica decisão do caso *Dred Scott v. Sandford* em 1857.[130]

Para além das turbulências que aparecem como pano de fundo do caso, importa observar que, ao mesmo tempo em que a Suprema Corte, em razão de sua competência para o controle de constitucionalidade, afirma a independência do

---

[129] Ver *Cooper v. Aaron* (1958).

[130] "Com a decisão proferida em Marbury v. Madison, iniciou-se a trajetória histórica da Suprema Corte em torno da interpretação constitucional. É importante notar que a afirmação da jurisdição constitucional referente às normas aprovadas pelo Congresso Nacional norte-americano se deu lentamente. Após Marbury, apenas em 1857 uma outra norma de âmbito federal foi declarada inconstitucional, no famoso caso Dred Scott v. Sandford [...]" (PAIXÃO, Cristiano; BIGLIAZZI, Renato. *História constitucional inglesa e norte-americana*: do surgimento à estabilização da forma constitucional. Brasília: Editora UnB, Finatec, 2011. p. 169-170).

Judiciário, ela também evidencia que o exercício da jurisdição constitucional nem sempre pode ser feito prescindindo da política, de modo que decide também considerando fatores dessa natureza.

A ambivalência da famosa decisão está no fato de, a um tempo, indeferir o pedido de Marbury com base na alegação de que a Suprema Corte não poderia estender sua jurisdição para além do que estava disposto no art. III da Constituição e afirmar que dispõe de competência para dizer o que é o direito. Isso, aliás, permitiu o controle de constitucionalidade do *Judiciary Act* de 1789, de modo que o fundamento da pretensão de Marbury seria considerado inconstitucional. Não obstante, à Suprema Corte seria reconhecido o poder de exercer jurisdição constitucional.

A deferência em relação ao Executivo aparece em outras passagens da decisão. Marshall argumenta que incumbe à Corte decidir sobre os direitos dos indivíduos, respeitando, todavia, a esfera de discricionariedade do Executivo no desempenho de suas atribuições.

Se, como já mencionado, os argumentos sustentando a supremacia judicial foram fabricados com o auxílio de Marbury, tomado como referência primeira, de outra sorte, a supremacia constitucional é evidente. Marshall pontua que ou a Constituição é considerada uma lei superior (*superior paramount law*) que não pode ser alterada pelos meios legislativos ordinários ou está disposta no mesmo nível das outras leis, ficando à disposição do legislador. Uma vez que a Constituição é considerada a lei superior, os atos violadores das normas constitucionais serão considerados nulos. Tal teoria é conectada com a própria ideia de Constituição escrita e é considerada um dos princípios fundamentais da ordem jurídica americana. Aqueles que atuam para a solução de casos devem interpretar os atos normativos e resolver as situações de antinomia. Para além da ambiguidade intrínseca, a supremacia judicial precisa, ademais, conviver com os termos finais da decisão, quando Marshall reafirma a supremacia da normativa constitucional e o dever de guarda, pelos outros ramos do governo, da Lei Fundamental.

Questões anteriores a Marbury e, até mesmo, os escritos de Alexander Hamilton em *O federalista* são usados como evidências de que o controle de constitucionalidade já era conhecido. Nos casos *Cooper v. Telfair* (1800) e *Ware v. Hylton* (1796), o controle de constitucionalidade já havia sido praticado pela Suprema Corte de maneira expressa.[131] A maior atenção conferida para Marbury estaria, possivelmente, no fato de determinado ramo do governo tratar de definir, por ato seu, a latitude de suas próprias funções.

Em razão da ampla controvérsia suscitada, Marbury transformou-se em referência obrigatória. A decisão, ademais, robusteceu o papel da Suprema Corte na fiscalização da constitucionalidade das leis no momento histórico em que as disputas entre os acólitos de Jefferson e os *federalistas* ameaçavam a independência do Judiciário.[132] A ironia é que, ao tempo em que se denegava o *writ of mandamus* aforado por William Marbury, discutiu-se longamente o mérito do caso.

São, aqui e ali, apontadas falhas interpretativas que, com o tempo, produziram percepções discutíveis sobre as origens do controle de constitucionalidade e o papel da Suprema

---

[131] "The Supreme Court itself had measured a state law against a state constitution in Cooper v. Telfair and had struck down another under the supremacy clause in Ware v. Hylton; in both cases the power of judicial review was expressly affirmed" (CURRIE, David P. Constitution in the Supreme Court: the powers of the Federal Courts, 1801-1835. *The University of Chicago Law Review*, n. 646, 1982. p. 655).

[132] OLKEN, Samuel. The ironies of Marbury v. Madison and John Marshall's judicial statesmanship. *The John Marshall Law Review*, v. 37, n. 2, 2004. p. 395.

Corte. O caso, viu-se, não é o primeiro a admitir o controle de constitucionalidade.[133] Por outro lado, foi importante reformular a percepção da população a respeito da atuação dos juízes. Sabe-se que no período colonial essas autoridades gozavam de pouco prestígio; isso muda, lentamente, após a Independência dos Estados Unidos. De acordo com Samuel Olken, com a revitalização do conceito de separação de poderes que enfatizava as virtudes da alocação tripartite da autoridade governamental, os juízes passaram a funcionar como intermediários entre o povo e os legisladores, de modo que o controle de constitucionalidade veio a ser percebido, em termos políticos, como procedimento em favor do povo, ao invés de simples manifestação ordinária de adjudicação.[134]

É importante, neste ponto, ressaltar a percepção de Marshall sobre o valor do funcionamento da Corte como uma instituição unida. Convenceu, para isso, os seus colegas a evitar o modelo de decisão *seriatim*, uma prática que fomentava incompreensões e fragilizava o exercício da jurisdição. As decisões *seriatim* eram percebidas como contraproducentes por fomentar a pluralidade de fundamentos para a decisão. Preocupado com a imagem da Suprema Corte, Marshall levou os demais *justices* a considerar que os interesses institucionais deveriam ter prioridade em relação às opiniões individuais, privilegiando as decisões *per curiam*.[135]

Marbury é uma decisão significativa por diferentes motivos, tanto pelo simbolismo de marco fundador do con-

---

[133] OLKEN, Samuel. The ironies of Marbury v. Madison and John Marshall's judicial statesmanship. *The John Marshall Law Review*, v. 37, n. 2, 2004. p. 403.

[134] OLKEN, Samuel. The ironies of Marbury v. Madison and John Marshall's judicial statesmanship. *The John Marshall Law Review*, v. 37, n. 2, 2004. p. 404-405.

[135] OLKEN, Samuel. The ironies of Marbury v. Madison and John Marshall's judicial statesmanship. *The John Marshall Law Review*, v. 37, n. 2, 2004. p. 414-415.

trole de constitucionalidade, que precisa ser mitigado, mas, também, por (re)afirmar a possibilidade de interpretação da Constituição pelo Judiciário e, mais, pelo modo como os *justices*, deliberando, se comportaram em meio a um confronto político relevante para o Executivo. Marbury é importante, também, em virtude de sua dimensão epistêmica, pois o caso auxilia na reflexão sobre o papel da Corte Constitucional em uma democracia, contribuindo para discussões contemporâneas sobre o ativismo judicial e as posições de contenção dos tribunais.

3 Tribunais constitucionais e a formulação de políticas públicas

As cortes constitucionais prolatam decisões que afetam a sociedade civil e o regular funcionamento dos poderes. As polêmicas não se colocam tanto no que diz respeito à possibilidade, limitada ou não, do estímulo à mudança social por meio da atuação jurisdicional. O problema maior envolve a legitimidade de tais decisões e o tempo necessário para que elas possam realmente produzir efeitos, supondo-se a existência de condições institucionais suficientes para que as mudanças almejadas possam ocorrer.

Cabe, neste ponto, considerar que a separação de poderes não pode ser apreendida como um incentivo para a atuação isolada dos órgãos constitucionais. Ao contrário, a ideia de freios e contrapesos pressupõe fiscalização recíproca que não impede a adoção de medidas colaborativas. Quando os poderes trabalham de modo cooperativo, dialogando para a construção de determinada política, é provável que ela seja mais resiliente, especialmente quando emerge convergência entre a vontade popular mediada institucionalmente e as decisões institucionais voltadas à sua preservação. Em termos simples, quando há amplo apoio da população e a aceitação da política pública é compartilhada pelos poderes, é provável que venha a ser mantida por um tempo superlativo.

Quando se reconhece que o Judiciário, em certas situações, pode ser formulador de políticas públicas, ainda que isso seja percebido, numa democracia, como uma tarefa excepcional, surge a questão a respeito da sua legitimidade. A resposta fornecida por Bickel é a de que o controle de constitucionalidade suscita, na circunstância, a dificuldade contramajoritária.[136] Navegando em sentido contrário, Robert Dahl procura desmitificar a intensidade do problema ao afirmar que a Suprema Corte é uma instituição política destinada a tomar decisões polêmicas[137] e que o fundamental seria a medida na qual o tribunal decide sobre políticas públicas sem o respaldo de critérios previamente estabelecidos na gramática jurídica (Constituição, leis e jurisprudência).[138]

Dahl procura mudar o olhar tradicional sobre a Suprema Corte em outro ponto. Ao invés de afirmar que a legitimidade do controle de constitucionalidade deriva do seu exclusivo caráter jurídico, ele propõe a aceitação de que a Suprema Corte é uma instituição política que, nessa perspectiva, auxiliaria na resolução de diversos problemas.[139] A questão antes referida

---

[136] BICKEL, Alexander. *The least dangerous branch*: The Supreme Court at the Bar of Politics. New Haven: Yale University Press, 1986.

[137] DAHL, Robert A. Tomada de decisões em uma democracia: a Suprema Corte como uma entidade formuladora de políticas nacionais. *Revista de Direito Administrativo*, v. 252, 2009. p. 25.

[138] DAHL, Robert A. Tomada de decisões em uma democracia: a Suprema Corte como uma entidade formuladora de políticas nacionais. *Revista de Direito Administrativo*, v. 252, 2009. p. 26.

[139] DAHL, Robert A. Tomada de decisões em uma democracia: a Suprema Corte como uma entidade formuladora de políticas nacionais. *Revista de Direito Administrativo*, v. 252, 2009. p. 27.

converte-se na seguinte: se os tribunais formulam, em certos casos, políticas nacionais, como justificar esta tarefa em um sistema político democrático? O problema subjacente está na função heterônoma de distribuição dos ônus e recompensas em uma comunidade que propõe autogoverno coletivo.

Dahl procura salientar outro problema relativo à *dificuldade contramajoritária*: a própria definição de maioria. Ora, qualquer tipo de divergência existente na sociedade pode suscitar a sua divisão entre uma maioria e uma (ou várias) minorias. A questão é relevante, eis que Dahl aponta não ser possível afirmar com precisão se determinadas decisões da Suprema Corte são, de fato, contrárias à vontade majoritária.[140]

Sem tratar do conceito de minoria,[141] cumpre considerar a indeterminação da vontade majoritária do povo, aceitando-se que, em eleições democráticas, custa saber com nitidez se a vontade soberana se expressa em um ou outro sentido. Mesmo as manifestações dirigidas diretamente contra determinada decisão da Corte, com ou sem emergente situação de *backlash*,[142] podem não refletir exatamente o apoio majoritário a esta ou aquela tese, vencedora ou vencida, levada ao Tribunal.

A noção de maioria aqui esposada é a eleitoral, fator que autoriza mais uma indeterminação na definição de vontade

---

[140] DAHL, Robert A. Tomada de decisões em uma democracia: a Suprema Corte como uma entidade formuladora de políticas nacionais. *Revista de Direito Administrativo*, v. 252, 2009. p. 28-29.

[141] Ver: DAHL, Robert A. *A democracia e seus críticos*. São Paulo: Martins Fontes, 2012.

[142] KLARMAN, Michael J. How Brown changed race relations: the backlash thesis. *The Journal of American History*, v. 81, n. 1, 1994. De acordo com Linda Greenhouse e Reva Siegel: "The backlash narrative conventionally identifies the Supreme Court's decision as the cause of polarizing conflict and imagines backlash as arising in response to the Court repressing politics. In contrast to this Court-centered account of backlash, the history that we examine shows how conflict over abortion escalated through the interaction of other institutions before the Court ruled" (GREENHOUSE, Linda; SIEGEL, Reva B. Before (and after) Roe v. Wade: new questions about backlash. *The Yale Law Journal*, v. 120, 2011. p. 2032).

majoritária, tendo em vista que nem sempre as decisões políticas tomadas pelos representantes eleitos corresponderão àquilo que a população deseja.

Dahl sustenta que tanto os questionamentos sobre a possibilidade de formulação de políticas pelo Judiciário como a dificuldade relacionada à sua legitimação poderiam ser superados pelo fato de os presidentes nomearem *justices* que, provavelmente, compartilham as mesmas convicções políticas.[143]

Em conexão com a indicação dos juízes pelo presidente da República está a própria questão atinente à sua atuação contramajoritária.[144] Para Dahl, a Suprema Corte estaria diretamente conectada, pelas razões institucionais expostas, à aliança nacional dominante e, por ser elemento componente da referida coalizão, acabaria por apoiar as suas principais políticas, tanto que, na hipótese de não serem criados acordos sobre as políticas dentro da própria aliança, as tentativas independentes terão grandes chances de fracassar.[145]

---

[143] DAHL, Robert A. Tomada de decisões em uma democracia: a Suprema Corte como uma entidade formuladora de políticas nacionais. *Revista de Direito Administrativo*, v. 252, 2009. p. 31.

[144] "Mais uma vez, entretanto, mesmo sem analisar os casos reais na esfera política, parece um tanto irreal supor que a Suprema Corte, cujos integrantes são recrutados da mesma forma que seus juízes, favoreça por muito tempo as normas de direito ou justiça, contrariando substancialmente os interesses do restante da elite política" (DAHL, Robert A. Tomada de decisões em uma democracia: a Suprema Corte como uma entidade formuladora de políticas nacionais. *Revista de Direito Administrativo*, v. 252, 2009. p. 39).

[145] DAHL, Robert A. Tomada de decisões em uma democracia: a Suprema Corte como uma entidade formuladora de políticas nacionais. *Revista de Direito Administrativo*, v. 252, 2009. p. 41. "The fact that the courts' policy-making role is fundamentally tied to relationships within and between the elected branches should not be surprising. The judicial branch was constitutionally designed to be dependent on the elected branches in numerous ways – for the appointment and removal of its members, for its staffing, for its budgets, for the scope of its appellate jurisdiction, and, most importantly, for the enforcement of its decisions" (CLAYTON, Cornell W. The supply and demand sides of judicial policy-making (or, why be so positive about the judicialization of politics). *Law and Contemporary Problems*, v. 65, n. 3, 2002. p. 76).

Por isso, na compreensão de Dahl, a Corte teria por objetivo conferir legitimidade para as políticas da coalizão vencedora e, em casos excepcionais, poderia ir adiante na hipótese de dificuldade na sua definição. Nesta situação, para que as políticas decididas pela Corte possam ter sucesso, elas não podem substanciar um tiro sozinho no escuro, necessitando, portanto, do respaldo dos legisladores para a promoção de mudanças na sociedade.

Na esteira dessas formulações, Lee Epstein, Jack Knight e Andrew D. Martin argumentam que Dahl acertou ao afirmar que a *dificuldade contramajoritária*, levando em consideração a composição da Suprema Corte em razão da indicação, pelo presidente, dos *justices* e da respectiva confirmação pelo Senado, não constituiria um problema em razão da sintonia política; para o autores, porém, problema haveria quando considerados os efeitos da separação dos poderes na criação de limites institucionais à atuação do Judiciário.[146]

Os autores afirmam ser importante desenvolver algum grau de coordenação conjunta na formulação de políticas; assumindo, porém, a condição de atores estratégicos, os ramos do governo levam em consideração os objetivos e as ações dos outros poderes ao decidir.[147]

Outro problema reside na ideia de que, pelo fato de ser moldada politicamente pela nomeação dos *justices*, a Corte decidiria sem a interação dos demais atores políticos. Tal perspectiva desconsidera que o processo de interação entre os poderes é contínuo e não se limita à nomeação. Percebe-se isso quando a Corte leva em consideração a posição do

---

[146] EPSTEIN, Lee; KNIGHT, Jack; MARTIN, Andrew D. The Supreme Court as a strategic national policymaker. *Emory Law Review*, v. 50, 2001. p. 584-585.

[147] EPSTEIN, Lee; KNIGHT, Jack; MARTIN, Andrew D. The Supreme Court as a strategic national policymaker. *Emory Law Review*, v. 50, 2001. p. 585.

Congresso sobre o caso a decidir e antevê, estuda ou calcula a possibilidade de sua decisão sofrer resistência ou reforma pelo Parlamento.[148] Por isso, para compreender como os juízes atuam ou, em específico, como interpretam a Constituição, o papel dos demais órgãos constitucionais não pode ser negligenciado.[149]

Vale reconhecer que se as políticas, em sociedades democráticas, emanam de diferentes instituições, a sua execução e resiliência dependem da interação entre os poderes.[150] A perspectiva auxilia na compreensão da complexidade envolvida na produção e desenvolvimento de políticas públicas, e, de igual modo, na crítica das teorias que reduzem a importância das formulações do Judiciário.

---

[148] No mesmo sentido, ver: EPSTEIN, Lee; KNIGHT, Jack. *The choices justices make*. Washington, DC: Congressional Quarterly, 1998; EPSTEIN, Lee; KNIGHT, Jack; MARTIN, Andrew D. The political (science) context of judging. *Saint Louis University of Law Journal*, v. 47, 2003.

[149] "We reject this attitudinal vision and propose a strategic one instead. The strategic approach, as we set it out, starts off with the same premise as that of the attitudinal school: Justices are 'single-minded seekers of legal policy.' From there, however, the two approaches diverge dramatically. The strategic approach assumes that if the *justices* truly care about the ultimate state of the law, then they must – as Charles Fairman once put it – 'keep [their] watch in the halls of Congress' and, occasionally, in the oval office of the White Houser. Additionally, they must pay heed to the various institutions structuring their interactions with these external actors. They cannot, as the attitudnalists and Dahl suggest, simply vote their own ideological preferences as if they are operating in a vacuum; they must instead be attentive to the preferences of the other institutions and the actions they expect them to take if they want to generate enduring policy" (EPSTEIN, Lee; KNIGHT, Jack; MARTIN, Andrew D. The Supreme Court as a strategic national policymaker. *Emory Law Review*, v. 50, 2001. p. 592).

[150] "On our account, which we call a strategic account, which we call a strategic account, justice may be primarily seekers of legal policy, but they are not unsophisticated characters who make choices based merely on their own political preferences. Instead, justices are strategic actors who realize that their ability to achieve their goals depends on a consideration of the preferences of others, of the choices they expect others to make, and of the institutional context in which they act. In other words, the choices of justices can best be explained as strategic behavior, not solely as responses to either personal ideology or apolitical jurisprudence" (EPSTEIN, Lee; KNIGHT, Jack. *The choices justices make*. Washington, DC: Congressional Quarterly, 1998. p. XVIII).

A afirmação de que as cortes podem agir de forma estratégica não implica, necessariamente, comprometimento do processo decisório. Trata-se apenas de levar em consideração o fato de que as decisões podem ser tomadas levando em consideração aspectos sistêmicos e consequenciais. O resultado do processo decisório que assuma alguma dimensão estratégica poderá, inclusive, ter maiores chances de sobrevivência, uma vez consideradas as respostas advindas do Legislativo e do Executivo.

Quando questões polêmicas são levadas à Corte, os juízes podem assumir, ao lado da postura esperada em termos estritamente jurídicos, iniciativa de refletir sobre as possíveis respostas dos demais poderes à manifestação judicial. Trata-se, aqui, de uma cadeia argumentativa interna, uma espécie de diálogo consigo mesmo a caracterizar a reflexão do juiz que flui em pensamento durante o processo de tomada da decisão.

4 A Corte como um ator político-estratégico

Quando uma comunidade precisa regular condutas de interesse comum, toma decisões que irão vincular no futuro seus membros e que servirão de parâmetro para o futuro agir no mundo social. Assim, o processo coletivo de tomada de decisão passa a ter uma dimensão política. Decidir coletivamente também demanda a definição de um conjunto de preferências dos membros do grupo e estas, por sua vez, serão agregadas e conduzirão a um resultado final.

Jon Elster explica que a agregação pode conduzir à transformação e à deturpação das preferências políticas e que, em muitos casos, um pequeno grupo toma decisões vinculando grupos maiores. Além disso, que os mecanismos de agregação devem ser considerados de acordo com os procedimentos da argumentação, da barganha e da votação. Ainda que seja possível observar os procedimentos de maneira isolada, as decisões políticas, sejam formuladas por uma assembleia ou pela própria população, acabam sempre por envolver os três tipos de procedimentos.[151]

A argumentação é caracterizada pela apresentação de razões pelas partes envolvidas no processo decisório com vistas à persuasão daqueles que potencialmente serão atingidos pelo seu resultado. Para convencer um número maior de pessoas, os argumentos apresentados em público assumem a pretensão de manifestações imparciais que, não poucas vezes, utilizam o bem comum ou o interesse público como base de apoio. Para Elster, o processo de argumentação é complexo, eis que, por mais que os atores sociais possuam interesses individuais puros, eles não poderão decidir com base nisto, sendo necessário colorir as preferências com o manto do interesse comum. A este fenômeno Elster dá o nome de "força civilizatória da hipocrisia".[152]

Em termos ideais, a argumentação consiste em suporte da deliberação no processo decisório e, se os atores políticos possuem o interesse sincero de promover o bem comum, ela

---

[151] ELSTER, Jon. *Explaining social behavior*: more nuts and bolts for the social sciences. Cambridge: Cambridge University Press, 2007. p. 402-404.

[152] "In many societies, property has been used as a criterion for suffrage. One may, to be sure, offer impartial arguments for this principle. At the Federal Convention, Madison argued that the stringent property qualifications for the Senate, rather than protecting the privileged against the people, were a device for protecting the people against itself. But as noted, there is something inherently suspicious about such arguments, which coincide too well with the self-interest of the rich. It may then be useful to turn to literacy, as an impartial criterion that is highly but imperfectly correlated with property. At various stages in American history literacy has also served as a legitimizing proxy for other unavowable goals, such as the desire to keep blacks or Catholics out of politics" (ELSTER, Jon. *Explaining social behavior*: more nuts and bolts for the social sciences. Cambridge: Cambridge University Press, 2007. p. 406).

pode auxiliar no convencimento e na mudança de preferências. Fator relevante diz respeito à exposição dos atores políticos. Há, por óbvio, significativa diferença entre argumentar publicamente perante os eleitores e deliberar em espaços fechados com votação anônima. Em espaços fechados a proteção de interesses privados pode ocorrer mais facilmente.

A votação substancia procedimento importante quando a argumentação não é capaz de produzir consenso entre os atores políticos a respeito de determinada questão. Os procedimentos de votação podem variar muito – o quórum para a definição da maioria, procedimentos fechados ou abertos à participação popular, a votação aberta ou secreta, bicameralismo ou unicameralismo, todos estes fatores interferem no processo de escolha. Um problema básico está na agregação.

Qual deve ser o critério para promover a agregação dos votantes? Deve-se analisar as premissas e os fundamentos dos votos ou apenas o resultado final da votação? O paradoxo de Poisson demonstra que as preferências da maioria podem ser indeterminadas. Mesmo nas situações em que se conhece a posição individual de cada um, é possível perceber que a agregação dos votos da maioria nem sempre funciona de maneira adequada.[153]

Como apontam Lewis Kornhauser e Lawrence Sager, em casos polêmicos, uma Corte pode chegar a determinada decisão pela soma dos votos individuais dos juízes, ou pelo resultado do todo ou pela soma dos votos em cada um dos tópicos e, depois, pela combinação final. Os métodos de tomada de decisão levam a resultados diferentes e a identificação de

---

[153] NOVAK, Stéphanie; ELSTER, Jon. *Majority decisions*: principles and practices. Cambridge: Cambridge University Press, 2014. p. 6. Ver, também: LORENZETTO, Bruno Meneses; KOZICKI, Katya. Constituindo a constituição: entre paradoxos, razões e resultados. *Revista Direito GV*, v. 11, n. 2, 2015.

tal paradoxo é prejudicial à atividade das cortes, na medida em que os casos deveriam ser decididos pelo seu mérito e não apenas em decorrência da organização de um protocolo de votação em detrimento de outro.[154]

A barganha, por sua vez, é o processo pelo qual se produzem acordos por meio de promessas e ameaças qualificadas. Um exemplo de barganha está na prática da troca de favores (*logrolling*): uma pessoa vota em determinado tema de um modo específico com a promessa de que, no futuro, em assunto de seu interesse, receberá os votos favoráveis como contrapartida. O resultado da barganha depende da credibilidade das ameaças e das promessas; assim uma ameaça é qualificada se aquele que a faz pode realmente operar as consequências anunciadas para a hipótese de não cooperação.[155]

Nos termos estratégicos da barganha, na troca de favores, cada um dos participantes tenderá a exagerar a importância daquilo que está sendo pedido em um momento inicial, para usar como moeda de troca. Os atores políticos envolvidos na barganha podem, também, procurar fundamentar suas demandas em princípios. Essa linha tende a aumentar o valor do ganho, eis que princípios tendem a possuir maior peso do que os puros interesses.[156]

Admitir que os membros do Judiciário podem e, efetivamente, adotam tais medidas no processo decisório está em sintonia com a compreensão de que as cortes agem, em determinadas circunstâncias especiais, como atores políticos

---

[154] KORNHAUSER, Lewis A.; SAGER, Lawrence G. The one and the many: adjudication in collegial courts. *California Law Review*, v. 81, 1993.

[155] ELSTER, Jon. *Explaining social behavior*: more nuts and bolts for the social sciences. Cambridge: Cambridge University Press, 2007. p. 419.

[156] ELSTER, Jon. *Explaining social behavior*: more nuts and bolts for the social sciences. Cambridge: Cambridge University Press, 2007. p. 423.

estratégicos; isso permite reconhecer uma série de variáveis distintas, entre elas a de que as cortes podem servir e, mais, realmente servem em certos casos como uma arena de afirmação de direitos de grupos que não são representados devidamente nos espaços institucionais do Estado.

A dimensão política integra o processo jurídico de adjudicação, preconizam as teorias críticas.[157] Contudo, a questão também pode ser verificada a partir de outro prisma, qual seja, o da teoria política positiva; esta, além de utilizar os instrumentais da teoria dos jogos e da escolha racional, procurou descentralizar os estudos focados estritamente no Legislativo, na medida em que desconsideravam a interação entre os poderes e o papel que as instituições exercem na produção, modificação e aplicação dos atos normativos.[158]

Entender o modo de agir dos atores políticos demanda considerar o fato do envolvimento em determinadas práticas. Parlamentares, juízes e burocratas fazem uso do poder estatal para atingir finalidades públicas a partir daquilo que compreendem como justo ou certo.[159]

Um dos pressupostos da teoria da escolha racional é o de que as pessoas não se limitam a agir no mundo, elas adotam estratégias para realizar suas interações. A concepção, originalmente cunhada na economia e na ciência política, avançou para auxiliar no estudo das interações entre os poderes. No caso das cortes, ressalta John Ferejohn que os limites

---

[157] Ver: KENNEDY, Duncan. *A critique of adjudication*: fin de siècle. Massachusetts: Harvard University Press, 1997.

[158] FEREJOHN, John. Law, legislation, and positive political theory. *In*: BANKS, Jeffrey S.; HANUSHEK, Eric A. *Modern political economy*: old topics, new directions. Cambridge: Cambridge University Press, 1995. p. 191.

[159] FEREJOHN, John. Law, legislation, and positive political theory. *In*: BANKS, Jeffrey S.; HANUSHEK, Eric A. *Modern political economy*: old topics, new directions. Cambridge: Cambridge University Press, 1995. p. 192.

internos dessas instituições decorreriam de sua incapacidade de comprometimento futuro, motivo pelo qual operam a partir de interpretações principiológicas; estas garantiriam racionalidade às linhas de atuação, conferindo a previsibilidade indispensável para os atores políticos e para os cidadãos comuns.[160] Esta estratégia tem limites pois, mesmo que eventual decisão circunscreva o horizonte interpretativo, a jurisprudência e os precedentes precisam ser (re)interpretados, sendo, ademais, possível concluir que os fundamentos de um caso são diferentes dos de outro (*distinguishing*).[161]

Segundo a perspectiva estratégica, os atores sociais tomam decisões visando a determinados resultados. Entretanto, estas decisões são balizadas pelas iniciativas dos outros atores políticos e por dispositivos institucionais que restringem o alcance das escolhas. A mirada pode provir tanto das relações entre os ramos do poder, no que tange, portanto, aos limites interinstitucionais, como dos limites internos à instituição, tratando-se do processo de tomada de decisão.

De acordo com Epstein e Knight, a consideração estratégica auxilia na formulação das questões a respeito da interação entre os poderes e na compreensão do alcance das escolhas que contribuem para o desenvolvimento do direito. Desde a perspectiva interna ou de sua relação com os outros ramos do poder, a análise estratégica explicaria como a interdependência

---

[160] FEREJOHN, John. Law, legislation, and positive political theory. *In*: BANKS, Jeffrey S.; HANUSHEK, Eric A. *Modern political economy*: old topics, new directions. Cambridge: Cambridge University Press, 1995. p. 206.

[161] "By explaining when the locus of policy making is in the courts – relatively deliberative institutions in which reason and argument are central aspects of policy making – we can help to understand the changing quality of public political discourse" (FEREJOHN, John. Law, legislation, and positive political theory. *In*: BANKS, Jeffrey S.; HANUSHEK, Eric A. *Modern political economy*: old topics, new directions. Cambridge: Cambridge University Press, 1995. p. 211).

é um traço fundamental do processo de tomada de decisão pelos juristas.[162]

Para tanto, a perspectiva estratégica procura produzir uma imagem geral das decisões judiciais, sublinhando os mecanismos de comportamento que caracterizam o processo deliberativo. Procura identificar, assim, as formas como os tribunais se manifestam e compreender a maneira pela qual a ação estratégica influencia os resultados das decisões colegiadas.[163]

É possível, com William Eskridge, afirmar que a Corte participa de um "jogo da separação de poderes", prestando atenção nas preferências do Congresso ao realizar a interpretação das leis; assim, sua atividade hermenêutica pode ser compreendida como o resultado de esforços para acomodar preferências ou, mesmo, para persuadir o Congresso.[164]

Se há interação, consciente ou inconscientemente, neste tipo de jogo, cumpre repensar o modo como o Judiciário atua quando interpreta ou aplica a lei, o significado do ativismo judicial e o papel da Corte na formulação e implementação de políticas públicas. Importa, neste caso, acompanhar com redobrada atenção as escolhas políticas do Congresso, para bem justificar as suas decisões e evitar, na medida do possível, sucessivas rodadas deliberativas e a preocupante introdução de normas desconstitutivas da decisão judicial.[165]

---

[162] EPSTEIN, Lee; KNIGHT, Jack. Toward a strategic revolution in judicial politics: a look back, a look ahead. *Political Research Quarterly*, v. 53, n. 3, 2000. p. 638-639.

[163] EPSTEIN, Lee; KNIGHT, Jack. Toward a strategic revolution in judicial politics: a look back, a look ahead. *Political Research Quarterly*, v. 53, n. 3, 2000. p. 644.

[164] ESKRIDGE JR., William N. Renegin on history? Playing the Court/Congress/President civil rights game. *California Law Review*, v. 79, 1991. p. 666.

[165] ESKRIDGE JR., William N. Renegin on history? Playing the Court/Congress/President civil rights game. *California Law Review*, v. 79, 1991. p. 669.

No tange ao ativismo judicial, para além da necessária distinção da judicialização da política,[166] o manejo da teoria dos jogos produz frutos interessantes.

Pode-se pensar na seguinte experiência de trato entre os órgãos constitucionais na interpretação dos dispositivos normativos. Em uma primeira hipótese, a Corte adota postura ativista na operação hermenêutica e leva o sentido da disposição para além da intenção original do legislador ou do seu sentido literal. O ativismo pode ou não ser proveitoso. Cumprirá, eventualmente, o papel de preencher lacunas ou sanar deficiência da disciplina legislada, contribuindo positivamente para a fixação da compreensão do ato normativo pela sociedade.[167] Contudo, poderá não ser bem recebido pelas outras instâncias de poder ou pela sociedade civil, especialmente se a Corte apresentar suas próprias preferências desconsiderando os argumentos e a prognose desenvolvidos pelo legislador. Em tal circunstância, a resistência poderá, conforme a intensidade, ser suficiente para fragilizar a decisão judicial, deixando-a vulnerável a uma retaliação do Congresso.

Logo, pode-se retomar a moldura apresentada por Dahl para lembrar que os jogos entre os poderes são mais complexos do que os desenhados por ocasião da escolha dos *justices* pelo presidente ou da concordância da Suprema Corte com as políticas do governo. O ativismo substancia ponto de afastamento, sendo mesmo visto como ensaio de afirmação de protagonismo.[168] Pode, por outro lado, ser aproveitado

---

[166] Ver: CLÈVE, Clèmerson Merlin; LORENZETTO, Bruno Meneses. *Governo democrático e jurisdição constitucional*. Belo Horizonte: Fórum, 2016.

[167] ESKRIDGE JR., William N. Renegin on history? Playing the Court/Congress/President civil rights game. *California Law Review*, v. 79, 1991. p. 672.

[168] Para George Marmelstein Lima: "Sempre que a pretensão normativa da constituição é frustrada por uma inação estatal tem-se um caso de omissão inconstitucional. Logo, o parâmetro normativo para verificar se há ou não uma inconstitucionalidade

como estímulo para a construção de diálogos (cooperativos ou adversariais) ou dar início a disputas de poder mais explícitas entre as instituições do Estado.

Para Eskridge, as decisões da *Corte Warren* podem ser consideradas de um ativismo moderado, eis que não foram objeto de nova rodada deliberativa pelo Congresso da época; ao mesmo tempo, não poderiam ser tratadas como contra-majoritárias, servindo, mesmo, como exemplos de atuação bem-sucedida do Judiciário no jogo entre os poderes.[169] Fala-se, por outro lado, de ativismo improdutivo quando o Judiciário não joga de forma adequada o jogo entre os poderes. Foi o caso da *Corte Burger*, por exemplo. Boa parte de suas decisões não estavam em consonância com as preferências do Legislativo e os argumentos manejados para a sua fundamentação foram considerados frágeis. Em razão disso, a *Corte Burger* teve decisões modificadas pelo Congresso. A *Corte Burger*, para Eskridge, foi muito menos hábil que a de Warren no jogo estratégico e na definição daquilo que seria politicamente aceitável por aqueles com os quais precisava interagir.[170]

A compreensão do Judiciário como ator com poder não apenas de controle, mas já de interferência na formulação de políticas públicas, reclama a consideração das capacidades de convencimento e de ajustamento de sintonia com os demais ramos do governo. Se, no início, a perspectiva de Dahl serve como um importante aporte, a teoria dos jogos, por seu turno,

---

por omissão são as normas constitucionais que impõem deveres de ação, inclusive as assim denominadas normas de eficácia plena ou contida" (LIMA, George Marmelstein. A eficácia incompleta das normas constitucionais: desfazendo um mal-entendido sobre o parâmetro normativo das omissões inconstitucionais. *Revista Direitos Fundamentais e Democracia*, v. 20, n. 20, 2016. p. 189).

[169] ESKRIDGE JR., William N. Renegin on history? Playing the Court/Congress/President civil rights game. *California Law Review*, v. 79, 1991. p. 672-673.

[170] ESKRIDGE JR., William N. Renegin on history? Playing the Court/Congress/President civil rights game. *California Law Review*, v. 79, 1991. p. 674-675.

auxilia na leitura da maior complexidade interativa; porém, como é natural, este instrumental teórico não deve ser tratado como a única forma de explicação da dinâmica interinstitucional. As cortes, devidamente provocadas, obstruem ou efetivam as políticas provenientes do Legislativo; disso pode resultar uma interação harmônica entre os poderes, como já enunciava Dahl, ou uma série de conflitos qualificados pela disputa dos espaços institucionais.

5 Institucionalismo e interpretação

As instituições não servem apenas para controlar as iniciativas dos indivíduos autointeressados; elas prescrevem condutas, definem motivos e estabelecem parâmetros para a ação pública ou particular. Estas são algumas maneiras pelas quais as instituições perpetuam os valores e objetivos definidos em seu momento de fundação, sendo este um dos fatores fundamentais para a manutenção do poder.

O modelo da teoria dos jogos relacionado com a separação de poderes constitui uma entre várias possibilidades de análise da interação institucional. Permite, embora de maneira formal e limitada, observar as composições e rupturas, os diálogos e os conflitos entre os ramos do governo. Cumpre, em tal cenário, reconhecer que as decisões dos juízes constitucionais podem, ao adotar esta ou aquela solução jurídica para o caso sensível, sofrer influência de preferências políticas ou do considerar estratégico em vista da aceitação ou recusa dos outros poderes no processo de interação.

Deve-se considerar, para além da lógica do jogo, que os poderes, independentes do ponto de vista normativo, podem assumir o risco da tomada de decisões sem a carga da antecipação das possíveis consequências políticas que ensejarão.

Se as cortes percebem sua atividade como manifestamente independente dos outros poderes, ou seja, quando aqueles que são fiscalizados pelo eleitorado não conseguem interagir adequadamente com a jurisdição constitucional, as cortes passam a ocupar, sem a necessidade de sofisticado exercício de justificação, o espaço reservado constitucionalmente aos órgãos de representação política.

Essa é uma parte da fotografia, ou seja, as cortes atuam com maior liberdade quando os outros ramos do governo forem incapazes de impor limites ao exercício da jurisdição, inclusive, sendo o caso, revidando posturas que ultrapassam o campo admitido ou tolerado pelo desenho institucional. A perspectiva mais ampla leva em consideração que as cortes precisam ser provocadas,[171] elas reagem às pretensões levadas à sua apreciação; trata-se, aqui, da judicialização da política decorrente do insucesso da coalizão política para pacificar os conflitos nas rodadas deliberativas do processo legislativo regular, importando, como derivação, a transferência da decisão política para outra arena.

Os limites explicativos da teoria dos jogos no tratamento do comportamento real da atividade judicial se manifestam tanto no sentido empírico como no plano teórico. No que diz respeito ao aspecto empírico, há uma disputa sobre a dificuldade de comprovação da teoria dos jogos quando trata da atuação das cortes.[172] Outro problema da teoria reside na

---

[171] CLAYTON, Cornell W. The supply and demand sides of judicial policy-making (or, why be so positive about the judicialization of politics). *Law and Contemporary Problems*, v. 65, n. 3, 2002. p. 77.

[172] Uma crítica à perspectiva estratégica, em defesa do modelo atitudinal, foi feita por Jeffrey Segal, em que este argumenta que os juízes votam de acordo com suas preferências políticas sinceras e que mudam seus comportamentos de acordo com as variações do ambiente político: SEGAL, Jeffrey A. Separation-of-Powers games in the positive theory of Congress and Courts. *American Political Science Review*, v. 91, n. 1, 1997.

redução dos aspectos do processo decisório a um conjunto de elementos estritamente racionais, desconsiderando variáveis subjetivas que são difíceis de rastrear. O olhar da teoria dos jogos prende-se à lente que vê apenas troca de votos (*logrolling*), desconsiderando as decisões fundadas em sinceros e bem articulados argumentos jurídicos ou influenciadas pelo sentimento constitucional mais autêntico.

A teoria dos jogos também acredita que, agindo como atores estratégicos, os magistrados procuram maximizar suas preferências, nem que para isso tenham que adotar estratégias como a decisão possível nas circunstâncias estabelecidas (*second best*). O efeito deletério de tal perspectiva reside, como anota Cornell Clayton, na nefasta instrumentalização do direito, tratado apenas como meio manejado pela atuação finalística dos juízes.[173]

Desconsidera, por isso, o modo particular como os juristas, em geral, se relacionam com a instância jurídica no processo de interpretação e adjudicação, inclusive circunscrevendo as soluções cogitadas ao círculo fechado das exigências sistêmicas, estruturais ou de integridade do direito. Uma das questões colocadas supõe a generalização das subjetividades envolvidas no processo hermenêutico, assumindo o pressuposto de que todos aqueles que interpretam dispositivos normativos o fazem como se estivessem em um campo de batalha no qual serão, necessariamente, definidos ganhadores e perdedores. Ora, no campo jurídico não há guerra, há disputa com limites e obrigatória cooperação, como demonstram as regras de natureza processual.

---

[173] CLAYTON, Cornell W. The supply and demand sides of judicial policy-making (or, why be so positive about the judicialization of politics). *Law and Contemporary Problems*, v. 65, n. 3, 2002. p. 83.

Além disso, a teoria dos jogos dissocia os valores ideológicos da coalizão dominante e as preferências individuais dos juízes, tratando-as como se não pudessem ter pontos de convergência ou não sofressem restrições no próprio processo interpretativo; não é considerado, ademais, o genuíno convencimento por meio da deliberação. Com razão, portanto, Clayton, ao afirmar que os valores dominantes da coalizão podem influenciar o processo decisório das cortes; porém, ao contrário do que sustenta Dahl, esta influência não costuma ser direta.[174] Os valores políticos estão presentes nas decisões de forma indireta, decorrendo de um caminho longo de modificação da percepção dos magistrados, de modo que apareçam no processo decisório como a interpretação adequada do direito.

Tome-se como exemplo a introdução da vasta gramática dos direitos fundamentais como base para as decisões de casos polêmicos. Independentemente do resultado do processo decisório, da atuação estratégica ou não dos magistrados e das pessoas que estejam a ocupar o governo e a formar a coalizão política, não há como evitar o debate a respeito do tema ou fazer vistas grossas para a questão. Há um consenso na sociedade civil e entre os juristas a respeito do importantíssimo papel dos direitos fundamentais na agenda da aplicação da Constituição, não obstante as diferenças de sentidos que as distintas filosofias ou ideologias podem autorizar. Assim, nem sempre é possível afirmar que as cortes atuam de maneira inteiramente independente; ao revés, é verdadeiro afirmar que estas também podem espelhar as expectativas dos outros ramos de poder, dar continuidade à tutela das políticas

---

[174] CLAYTON, Cornell W. The supply and demand sides of judicial policy-making (or, why be so positive about the judicialization of politics). *Law and Contemporary Problems*, v. 65, n. 3, 2002. p. 84.

públicas construídas externamente e respeitar os limites sistêmicos, preservando a integridade do direito.

Howard Gillman lembra que o processo de formação da convicção de um juiz não pode ser explicado pelas características pessoais do magistrado, na medida em que as instituições possuem o condão de influenciar o modo de pensar e agir dos seus membros.[175] Reafirme-se, a análise da escolha racional auxilia na ampliação da perspectiva a respeito do processo decisório das cortes. Porém, tal mirada não é suficiente para explicar vasta gama de circunstâncias como a possibilidade de a instituição demandar aos seus integrantes a busca de fins intraduzíveis em termos do autointeresse, ou, ainda, a criação de rotinas decisórias protocolares, por exemplo.[176]

Não é possível evitar que os magistrados eventualmente prolatem decisões com fundamento em aspectos exógenos ou visando à satisfação de interesse próprio.[177] Contudo, afirmar que o direito opera, sempre, desta forma ofusca o importante papel que os juízes exercem ao comissionar a sua importante missão institucional, de maneira que este modo de agir não é

---

[175] "It is too early to declare that we have arrived at a 'post-attitudinal' moment in public-law scholarship, but the accumulated evidence dos suggest that there is an increasing consensus about the advantages of exploring how judicial decision-making is shaped by institutional contexts rather than viewing the Court primarily as a safe platform for the display of exogenous attitudes" (GILLMAN, Howard. The Court as an idea, not a building (or a game): interpretive institutionalism and the analysis of Supreme Court decision-making. *In*: CLAYTON, Cornell W.; GILLMAN, Howard. *Supreme Court decision-making*: new institutionalist approaches. Chicago: The University of Chicago Press, 1999. p. 66).

[176] GILLMAN, Howard. The Court as an idea, not a building (or a game): interpretive institutionalism and the analysis of Supreme Court decision-making. *In*: CLAYTON, Cornell W.; GILLMAN, Howard. *Supreme Court decision-making*: new institutionalist approaches. Chicago: The University of Chicago Press, 1999. p. 67.

[177] GILLMAN, Howard. The Court as an idea, not a building (or a game): interpretive institutionalism and the analysis of Supreme Court decision-making. *In*: CLAYTON, Cornell W.; GILLMAN, Howard. *Supreme Court decision-making*: new institutionalist approaches. Chicago: The University of Chicago Press, 1999. p. 68.

facilmente tratado pelos instrumentais disponibilizados pela teoria da escolha racional.

As instituições políticas não podem ser consideradas apenas estruturas que operam segundo cálculos estratégicos. Observe-se que as mudanças sociais significativas são dificilmente realizadas por agentes isolados em razão do desenho institucional e da dificuldade que um ator enfrenta para transformar convicções particulares em opiniões compartilhadas. Além disso, importa compreender que a estratégia precisa da interação exógena e, por mais que se possa calcular as respostas dos outros, não é possível saber, com precisão, se a atuação jurisdicional será recepcionada como mais uma rodada deliberativa produtiva ou como uma provocação em disputa acirrada pela preeminência política.

Há, ademais, outro entrave na perspectiva estratégica. Além da dificuldade de precisar, em termos empíricos, quando a decisão é estratégica ou principiológica, também é complicado reconhecer quando a transformação de uma em outra ocorre, ou seja, quando o juiz, consciente do jogo da separação de poderes, ajusta as razões substantivas para oferecer um resultado "menos pior". Para além da dicotomia, opinião sincera e estratégia, podem, como antes anotado, existir sólidos fundamentos principiológicos a justificar decisões despidas da interferência do autointeresse, das opiniões pessoais e descontaminada pela apreciação antecipada de eventual reação dos demais poderes.[178]

---

[178] "While the strategic approach is often sold as a more sophisticated version of the attitudinal model [...], it is important to note that there is nothing about the definition of strategic behavior that requires strategic decision makers to adjust their preferences when faced with pressure or uncertainty" (GILLMAN, Howard. The Court as an idea, not a building (or a game): interpretive institutionalism and the analysis of Supreme Court decision-making. *In*: CLAYTON, Cornell W.; GILLMAN, Howard. *Supreme Court decision-making*: new institutionalist approaches. Chicago: The University of Chicago Press, 1999. p. 71).

Por isso, ao menos dois aspectos precisam ser considerados. Primeiro, o desenho institucional e as expectativas a respeito do funcionamento da Corte; a reputação do Tribunal como um ator político estratégico que promove barganhas e que declara leis inconstitucionais com o propósito de preeminência no jogo político produz efeito negativo perante a sociedade, afetando seu prestígio e autoridade. Segundo, o funcionamento interno da Corte também precisa ser considerado. Importa comprimir o espaço para as manobras individualistas, a argumentação do magistrado devendo ser bastante robusta para ultimar o convencimento do colegiado a respeito do acerto da decisão.

A integridade institucional é fundamental. No longo prazo, é mais proveitoso para a sua imagem e o seu prestígio que a Corte tome decisões fundadas em princípios e não simplesmente em decorrência de sofisticados cálculos estratégicos.[179]

Adverte Gillman que, como em qualquer espaço público com vocação de permanência, espera-se que os membros da Corte deliberem com os olhos voltados à proteção da legitimidade institucional, ajustando-se, quando necessário, às mudanças de tempo e contexto políticos.[180] Em suma, os magistrados devem agir no sentido de preservar a instituição diante da dinâmica social e isso, possivelmente, não teria muito sentido quando se fala de indivíduos atuando de maneira isolada e guiados estritamente pelo autointeresse.

---

[179] GILLMAN, Howard. The Court as an idea, not a building (or a game): interpretive institutionalism and the analysis of Supreme Court decision-making. *In*: CLAYTON, Cornell W.; GILLMAN, Howard. *Supreme Court decision-making*: new institutionalist approaches. Chicago: The University of Chicago Press, 1999. p. 72.

[180] GILLMAN, Howard. The Court as an idea, not a building (or a game): interpretive institutionalism and the analysis of Supreme Court decision-making. *In*: CLAYTON, Cornell W.; GILLMAN, Howard. *Supreme Court decision-making*: new institutionalist approaches. Chicago: The University of Chicago Press, 1999. p. 81.

6 Considerações finais

Ao considerar o papel das cortes na interação institucional, foram referidas as teorias da *coalizão*, da *estratégia* e da *interpretação*. Todas podem contribuir para o aprimoramento dos diagnósticos envolvendo a atuação judicial, desde que aproveitadas com as devidas mediações e sem a pretensão de apresentar explicação última.

A *teoria da coalizão* não consegue responder de maneira adequada às situações de tensão entre os poderes. Ainda que seja possível traçar paralelos, em um lapso temporal mais longo, entre a indicação dos membros da Corte e a ideologia do governo, nem sempre a teoria funcionará para explicar situações em que a Corte assume postura agressiva ou contrária aos atos (comissivos ou omissivos) do corpo político majoritário, mesmo ostentando corte ideológico similar ao dos outros ramos do governo.

A *teoria da estratégia* coloca a Corte em uma moldura política na qual os juízes passam a ser considerados atores políticos em um jogo voltado à satisfação de suas preferências. A teoria dos jogos, ainda que possa constituir um avanço em relação à teoria anterior, negligencia os casos nos quais os atores políticos não se percebem em uma relação de competição ou quando membros da Corte tomam decisões principiológicas que não refletem um movimento estratégico nem sua opinião pessoal, mas, antes, a perspectiva institucional.

Por isso, sem abandonar por completo as perspectivas anteriores, propõe-se que as cortes sejam estudadas a partir de um número maior de variáveis e de um conjunto de relações mais complexo e multifacetado.

Importa, finalmente, não fazer tábula rasa das diferentes formas de interação institucional. Enquanto, de fato, os órgãos constitucionais assumem postura adversarial em certas circunstâncias, as disputas entre as instituições apresentam variáveis múltiplas e não definem o ofício de julgar. Considerar que, do ponto de vista político, o mundo dos magistrados é composto por várias dimensões e que a preocupação destes não se resume, necessariamente, à eventual reação do Legislativo ou do Executivo à declaração de inconstitucionalidade de determinada lei, auxilia na valorização do contexto, mas, acima de tudo, do próprio direito, que deixa de ser considerado um simples instrumento disponível para uso estratégico e passa a ser considerado, no Estado de direito, o que de fato é, o modo democrático de organização da experiência humana na comunidade política.

Referências

BICKEL, Alexander. *The least dangerous branch*: The Supreme Court at the Bar of Politics. New Haven: Yale University Press, 1986.

CLAYTON, Cornell W. The supply and demand sides of judicial policymaking (or, why be so positive about the judicialization of politics). *Law and Contemporary Problems*, v. 65, n. 3, 2002.

CLÈVE, Clèmerson Merlin; LORENZETTO, Bruno Meneses. *Governo democrático e jurisdição constitucional*. Belo Horizonte: Fórum, 2016.

CURRIE, David P. Constitution in the Supreme Court: the powers of the Federal Courts, 1801-1835. *The University of Chicago Law Review*, n. 646, 1982.

DAHL, Robert A. *A democracia e seus críticos*. São Paulo: Martins Fontes, 2012.

DAHL, Robert A. Tomada de decisões em uma democracia: a Suprema Corte como uma entidade formuladora de políticas nacionais. *Revista de Direito Administrativo*, v. 252, 2009.

ELSTER, Jon. *Explaining social behavior*: more nuts and bolts for the social sciences. Cambridge: Cambridge University Press, 2007.

EPSTEIN, Lee; KNIGHT, Jack. *The choices justices make*. Washington, DC: Congressional Quarterly, 1998.

EPSTEIN, Lee; KNIGHT, Jack. Toward a strategic revolution in judicial politics: a look back, a look ahead. *Political Research Quarterly*, v. 53, n. 3, 2000.

EPSTEIN, Lee; KNIGHT, Jack; MARTIN, Andrew D. The political (science) context of judging. *Saint Louis University of Law Journal*, v. 47, 2003.

EPSTEIN, Lee; KNIGHT, Jack; MARTIN, Andrew D. The Supreme Court as a strategic national policymaker. *Emory Law Review*, v. 50, 2001.

ESKRIDGE JR., William N. Renegin on history? Playing the Court/Congress/President civil rights game. *California Law Review*, v. 79, 1991.

FEREJOHN, John. Law, legislation, and positive political theory. *In*: BANKS, Jeffrey S.; HANUSHEK, Eric A. *Modern political economy*: old topics, new directions. Cambridge: Cambridge University Press, 1995.

GILLMAN, Howard. The Court as an idea, not a building (or a game): interpretive institutionalism and the analysis of Supreme Court decision-making. *In*: CLAYTON, Cornell W.; GILLMAN, Howard. *Supreme Court decision-making*: new institutionalist approaches. Chicago: The University of Chicago Press, 1999.

GREENHOUSE, Linda; SIEGEL, Reva B. Before (and after) Roe v. Wade: new questions about backlash. *The Yale Law Journal*, v. 120, 2011.

KENNEDY, Duncan. *A critique of adjudication*: fin de siècle. Massachusetts: Harvard University Press, 1997.

KLARMAN, Michael J. How Brown changed race relations: the backlash thesis. *The Journal of American History*, v. 81, n. 1, 1994.

KORNHAUSER, Lewis A.; SAGER, Lawrence G. The one and the many: adjudication in collegial courts. *California Law Review*, v. 81, 1993.

LIMA, George Marmelstein. A eficácia incompleta das normas constitucionais: desfazendo um mal-entendido sobre o parâmetro normativo das omissões inconstitucionais. *Revista Direitos Fundamentais e Democracia*, v. 20, n. 20, 2016.

LORENZETTO, Bruno Meneses; KOZICKI, Katya. Constituindo a constituição: entre paradoxos, razões e resultados. *Revista Direito GV*, v. 11, n. 2, 2015.

NOVAK, Stéphanie; ELSTER, Jon. *Majority decisions*: principles and practices. Cambridge: Cambridge University Press, 2014.

OLKEN, Samuel. The ironies of Marbury v. Madison and John Marshall's judicial statesmanship. *The John Marshall Law Review*, v. 37, n. 2, 2004.

PAIXÃO, Cristiano; BIGLIAZZI, Renato. *História constitucional inglesa e norte-americana*: do surgimento à estabilização da forma constitucional. Brasília: Editora UnB, Finatec, 2011.

SEGAL, Jeffrey A. Separation-of-Powers games in the positive theory of Congress and Courts. *American Political Science Review*, v. 91, n. 1, 1997.

STONE, Geoffrey *et al*. *Constitutional law*. 5. ed. New York: Aspen, 2005.

A DEMOCRACIA CONSTITUCIONAL EM PERÍODO DE TEMPESTADE

1 Introdução

Falar de democracia é relevantíssimo nesta altura da história brasileira e tão premente como na época em que, saídos da ditadura militar, reivindicava-se uma nova Constituição. O título da intervenção poderia, em situações normais, sugerir um objeto sem delimitação definida, genérico, despido de maior urgência. Ocorre exatamente o contrário neste período de tempestade que estamos a experimentar.

Falar, hoje, de democracia constitucional deixa de ser um assunto de especialistas, de professores, de doutrinadores, de advogados, de políticos ou de juízes. Trata-se, agora, de um tema de todos, supondo discussão que atravessa a sociedade e sensibiliza a cidadania.

A propósito, duas situações preocupam.

A lei fundamental está sendo testada, diante da tensão ocorrente na arena política, dos sucessivos ensaios autoritários do Executivo, das violações à cláusula constitucional da separação dos poderes e dos direitos fundamentais de grupos vulneráveis com o desmantelamento das agências responsáveis pela sua satisfação.

A democracia também está sendo testada e cumpre trabalhar pela sua resiliência em um tempo de viragem dos humores políticos e do crescimento de experiências iliberais em muitos países (Polônia, Hungria, Turquia) ou do crescimento de escolhas eleitorais populistas em lugares antes inimagináveis.

Há uma ampla literatura demonstrando que o processo de esgarçamento, sufocamento e amesquinhamento das democracias não se opera mais por meio de golpes clássicos, com o uso da força, mas pela erosão contínua dos seus pilares de sustentação.[181]

Ao mesmo tempo, emerge, no mundo político, uma situação de estranhamento entre representados e representantes, sobretudo nos parlamentos, o que contribui para que a cidadania não reconheça nos mandatários eleitos personagens autênticos que expressam a sua voz. É perigosa a ideia de que o político é um ser estranho, distante, alguém que cuida apenas dos próprios interesses.

Por fim, há a questão do falseamento da vontade popular, como vimos na eleição de Trump e no advento do *Brexit*, através do recolhimento de dados pessoais pelas grandes companhias de tecnologia do mundo e manejo fraudulento voltado ao convencimento dos indecisos. Como combater os disparos em massa, muitas vezes carregadas de informações

---

[181] LEVITSKY, Steven; ZIBLATT, Daniel. *How democracies die*. Portland: Broadway Books, 2018; STANLEY, Jason. *How fascism works*: the politics of us and them. United States: Random House Trade Paperbacks, 2020; ALBRIGHT, Madeleine. *Fascism*: a warning. London: William Collins, 2018; BARBOZA, Estefânia Maria Queiroz; ROBL FILHO, Ilton Norberto. Constitucionalismo abusivo: fundamentos teóricos e análise da sua utilização no Brasil contemporâneo. *Direitos Fundamentais & Justiça*, Belo Horizonte, ano 12, n. 39, p. 79-97, jul./dez. 2018; LANDAU, David. Abusive constitutionalism. *U.C. Davis L. Rev.*, v. 47, n. 189, 2013. Disponível em: https://ir.law.fsu.edu/articles/555. Acesso em: 15 set. 2020. Também: decisão do Min. Luís Roberto Barroso, na MC-ADPF nº 622, julgado em 19.12.2019.

contaminadas pelo ódio e rancor, que interferem na formação da vontade popular, quebrando o princípio da igualdade de chances e deturpando o sentido do processo eleitoral?

É importante, nesta quadra da vida nacional, adotar medidas para (i) *salvar* e outras para (ii) *robustecer a democracia constitucional*.

2 Conceitos de democracia e multiplicidade de soluções imaginadas

São inúmeras as propostas conceituais da democracia, algumas mais exigentes, outras menos. Estas, em geral tributárias do liberalismo, na linha dos pensamentos de Popper[182] e Schumpeter,[183] tratam-na como um meio para um fim. As mais exigentes associam a democracia com a ideia de igualdade, não simplesmente de chances, mas já de posições, com uma arena rigorosa de deliberação em busca do consenso ou, em uma linha republicana clássica, com o debate honesto entre cidadãos virtuosos. Em outra trilha, Hannah Arendt,[184] dialogando com a experiência clássica dos gregos e com a lição aristotélica, toma a democracia como um fim em si mesmo. O espaço público é o lugar próprio do cidadão, que não pode ficar prisioneiro de seus interesses egoístas, devendo, antes, contribuir para a felicidade pública, apresentando-se na ágora como um simples cidadão que deve, no debate público, argumentar para convencer.

---

[182] POPPER, Karl R. *The open society and its enemies*. New Jersey: Princeton University Press, 2020.
[183] SCHUMPETER, Joseph A. *Capitalism, socialism and democracy*. London and New York: Routledge, 2013.
[184] ARENDT, Hannah. *On revolution*. New York: Penguin Books, 2006.

Fala-se, entre tantas, em democracia representativa, democracia pluralista, democracia inclusiva, democracia social ou democracia deliberativa. O que importa para nós, nesta altura, é a democracia constitucional,[185] o modelo adotado pelo constituinte brasileiro – herdeiro dos pensamentos republicano e, sobretudo, liberal – e, nesta latitude, reduzir o conceito à sua essência última para abraçar as ideias de periodicidade dos mandatos, alternância dos governos por meio de processos pacíficos e igualdade de chances na disputa eleitoral. Com isso em mira, cabe falar, com modéstia, do que pode ser acordado por gente com diferentes olhares, doutrinas ou ideologias, de algo que pode ser colocado na mesa e convergir para compor uma agenda comum de trabalho. As soluções encaminhadas, adiante, portanto, são triviais, oportunas, limitadas e apenas suficientes para atravessar a tempestade e ensaiar o primeiro passo no sentido de robustecer a democracia.

3 Salvar a democracia

A Constituição vige por mais de 30 anos e as instituições estão mostrando alguma resiliência. Nenhuma Carta brasileira, autoritária ou democrática, depois da República Velha, vigorou por tanto tempo. Esse é um bom sinal. Sob a sua égide, o país testemunhou dois *impeachments* que culminaram com o afastamento de dois presidentes da República e, apesar do trauma experimentado, sobretudo na segunda oportunidade, o regime resistiu.

Experimenta-se, agora, um governo de direita que amesquinha os direitos fundamentais, que se omite diante do

---

[185] GINSBURG, Tom; HUQ, Aziz Z. *How to save a constitutional democracy*. Chicago: University of Chicago Press, 2018; FERRAJOLI, Luigi. *Poderes salvajes*: la crisis de la democracia constitucional. Madrid: Trotta, 2011.

direito à vida em plena época de pandemia, implicando um sem-fim de mortes evitáveis, que agride os grupos vulneráveis, é cúmplice de disparos em massa de *fake news*, consente com as mensagens autoritárias e a disseminação dos discursos de ódio pelos seus grupos de apoio, reivindicando o fechamento do Supremo Tribunal Federal ou do Congresso Nacional. Um governo que propõe uma reinterpretação oportunista do art. 142[186] da Constituição Federal, autorizadora de uma fantasiosa intervenção militar nos negócios do Estado, elabora dossiês contra adversários,[187] trata os opositores como inimigos que merecem aniquilamento e, mais, segundo noticiou a revista *Piauí*,[188] pretendeu, efetivamente, uma ou outra vez, promover um golpe para implantar regime de exceção, e que, finalmente, promove publicamente a defesa de torturadores e da ditadura militar.

Este é o momento, portanto, de provocar a sociedade civil, os movimentos sociais, a imprensa, a Ordem dos Advogados do Brasil (OAB) e a Associação Brasileira de Imprensa (ABI) para a resistência. Da mesma forma, os governadores de boa vontade. Ora, na federação, as coletividades federadas também integram o desenho da divisão do poder, divisão espacial no caso, de modo a atuar seja como simples esfera de exercício de competência territorial, seja também como dimensão política de controle ou vigilância de outras manifestações do poder.

---

[186] "Art. 142. As Forças Armadas, constituídas pela Marinha, pelo Exército e pela Aeronáutica, são instituições nacionais permanentes e regulares, organizadas com base na hierarquia e na disciplina, sob a autoridade suprema do Presidente da República, e destinam-se à defesa da Pátria, à garantia dos poderes constitucionais e, por iniciativa de qualquer destes, da lei e da ordem".
[187] MC-ADPF nº 722. Rel. Min. Cármen Lúcia, j. 20.8.2020.
[188] GUGLIANO, Monica. Vou intervir! *Piauí*, n. 167, p. 22-25, ago. 2020.

A oposição, a minoria, no Congresso Nacional, igualmente atua em defesa da democracia e da Constituição, fazendo uso da palavra, ampliando o alcance da voz por meio da imprensa ou das redes sociais, aproximando a ação política dos movimentos sociais, articulando entre os pares o bloqueio de medidas do Executivo que sejam inconstitucionais ou regressivas, inclusive com a aprovação de expedientes como a anulação de sucessivos decretos regulamentares ilegais e a derrubada de vetos apostos pelo presidente. Os partidos minoritários oferecem resistência, ainda, requisitando informações, postulando a instauração de comissões parlamentares de inquérito (CPI) ou aforando, perante a Suprema Corte, medidas de controle abstrato de normas ou da omissão inconstitucional de providências reivindicadas pela Lei Maior.

Finalmente, o Supremo Tribunal Federal tem atuado, por ocasião da pandemia, como verdadeiro contrapoder, fulminando medidas violadoras de direitos fundamentais, agressoras do princípio da moralidade ou vulneradoras do discurso normativo plasmado na Constituição. A decisão que reconheceu as competências concorrente e comum das coletividades federadas para a implementação de medidas contra a pandemia,[189] a despeito da vontade centralizadora da União, o que implicaria o perigoso fortalecimento da autoridade presidencial, colocando em risco a saúde coletiva e o interesse público, serve de exemplo entre várias outras importantes decisões tomadas pelo STF durante a pandemia.

É oportuno lembrar da instauração de dois inquéritos, um deles bastante polêmico. O inquérito que investiga atividades antidemocráticas praticadas por grupos de apoio com

---

[189] MC-ADPF nº 6.341. Rel. Min. Marco Aurélio, j. 15.4.2020.

a cumplicidade do presidente da República[190] e o instaurado pelo Supremo Tribunal Federal[191] com base em interpretação especiosa e contestada do seu regimento interno, sendo relator em ambos os casos o Ministro Alexandre de Moraes, para investigar as *fake news* e as ameaças contra a Corte, aos ministros e às suas famílias. A verdade é que as duas investigações, com as providências cautelares deferidas, foram úteis para a diminuição do quadro de tensão no qual vivíamos, culminando, inclusive, com a decretação de medidas de busca e apreensão contra pessoas exercendo funções no Palácio do Planalto. Não se ignoram os problemas procedimentais excepcionais relacionados a tais inquéritos, porém, o momento exige que sejam interpretados em seu aspecto político e da importância de tal resposta para um chefe do Executivo que insistiu por "esticar a corda" em diversas ocasiões. Os inquéritos podem ser compreendidos como remédios amargos para refrear um governo autoritário. Não sendo, assim, equivocada a chave interpretativa que venha a colocá-los dentro de um contexto de uma democracia militante, ou também denominada democracia defensiva ou combativa.

A Justiça Eleitoral, por seu turno, tem um relevante papel a cumprir. Primeiro, gerindo com eficiência o processo eleitoral e, depois, atuando contenciosamente de modo adequado, proporcional, respeitando os direitos fundamentais, admitindo certa dose de modéstia, evitando o paternalismo injustificável e castrador da dinâmica necessária do mercado das ideias, inclusive, no período legal das campanhas dedicado à conquista da simpatia do eleitor.

No processo eleitoral, para garantir a igualdade de chances, nesta sociedade técnica e de massas, importa, por

---

[190] Inquérito nº 4.828/DF. Rel. Min. Alexandre de Moraes. Brasília, 20.4.2020.
[191] Inquérito nº 4.781/DF. Rel. Min. Alexandre de Moraes. Brasília, 14.3.2019.

outro lado, controlar o manejo malicioso dos meios tecnológicos fraudadores do processo de escolha e deliberação. Entre garantir a liberdade no mercado de ideias e censurar os abusos inaceitáveis, no exercício dessa sensível tarefa, caminha a Justiça Eleitoral no fio da navalha. Aplicar judiciosamente a lei, na hipótese, não constitui tarefa para amadores.

É preciso verificar, neste quadro, se outras instituições ou autoridades foram de alguma maneira comprometidas, em função dos mecanismos de cooptação ou de captura. Refira-se, particularmente, à Procuradoria-Geral da República e à direção da Polícia Federal, instituições de Estado que não deveriam ficar à disposição dos desejos momentâneos dos governos de passagem. Diga-se, todavia, que as chefias não são as instituições e isto é suficiente para a preservação de uma réstia de esperança.

Mediante a atuação dos contrapoderes, o objetivo comum, reitera-se, é salvar a democracia, fazer a longa caminhada até a próxima eleição, impedir quaisquer medidas tendentes ao seu enfraquecimento, como aquelas que possam facilitar a reeleição, impor condições violadoras da igualdade de chances no processo eleitoral, cooptar ou capturar as instituições para a obtenção de vantagem eleitoral, alterar a Lei Fundamental para permitir mais de uma reeleição, convocar Constituinte ou processo de revisão constitucional em um período trágico de regresso da história e de fortalecimento de doutrinas iliberais, em síntese, reproduzir aqui o que já foi tentado na Colômbia (mais de uma reeleição) e rejeitado pela Corte Constitucional,[192] ou o que foi feito com sucesso na Venezuela ou na Turquia.

---

[192] *Sentencia C-141/10* (Disponível em: https://www.corteconstitucional.gov.co/relatoria/2010/c-141-10.htm. Acesso em: 16 set. 2020).

O desafio é, repita-se, salvar a democracia. O dever de todo cidadão, e particularmente dos operadores do direito e agentes públicos, nos tempos que correm, é o de, em circunstância de risco, manter a vigilância e agir politicamente para a preservação daquilo que já conquistamos, por mais imperfeitas que sejam as nossas instituições.

4 Robustecer a democracia

A segunda tarefa é fortalecer a nossa democracia. O seu robustecimento pede a implementação de algumas medidas que, bem negociadas, podem entrar na agenda pública. São, nesse particular, propostas úteis e, ao mesmo tempo, modestas. Não falamos, aqui, de justiça política, do ideal, mas apenas do possível no horizonte temporal em que residimos. Está-se a falar, nesta oportunidade, da busca de solução para (i) as crises recorrentes do presidencialismo brasileiro e, por outro lado, para (ii) o *déficit* de legitimidade da representação política.

4.1 Tratando das crises recorrentes

O primeiro desafio é o de atenuar o hiperpresidencialismo.[193] O presidencialismo brasileiro é bastante diferente do seu congênere norte-americano.[194] Se é verdade que lá, do mesmo modo, está cada vez mais forte, em virtude da reinterpretação

---

[193] Reflexões, sobretudo da experiência latino-americana, sobre o tema podem ser consultadas em: SANTIAGO NINO, Carlos. El presidencialismo y la justificación, estabilidad y eficiencia de la democracia. *Propuesta y Control*, p. 39-56, 1990; e GARGARELLA, Roberto. El constitucionalismo latinoamericano y la "sala de máquinas" de la constitución (1980-2010). *Gaceta Constitucional*, v. 48, p. 289-306, 2011.

[194] ELKINS, Zachary; GINSBURG, Tom. Latin American presidentialism in comparative and historical perspective. *Tex. L. Rev.*, v. 89, 2010. p. 1707.

de cláusulas constitucionais e dos poderes incorporados em tempo de guerra ou de combate ao terrorismo, ele, mesmo assim, não se compara ao brasileiro. Os secretários, autoridades auxiliares do presidente, a quem nós chamamos ministros, devem ter os seus nomes aprovados pelo Senado; não há leis de iniciativa exclusiva do presidente e, em relação ao orçamento, o Congresso exerce poder definitivo. Há, entre nós, um hiperpresidente, com poderes para fazer o bem e o mal, mais o mal do que o bem, mas que, diante da fragmentação do sistema partidário, paga um alto custo para governar, carecendo negociar caso a caso com os partidos, blocos parlamentares ou, mesmo, com os deputados e senadores para aprovar, no Legislativo, os projetos que encaminha, algo muito distinto do que ocorre na república do hemisfério norte, onde as cadeiras senatoriais e da Câmara dos Representantes são, basicamente, divididas entre dois partidos. Fala-se em presidencialismo de coalizão,[195] que não constitui mal algum em si, não fora a sua versão negativa, o presidencialismo de cooptação ou a primitiva, o presidencialismo de colisão, que emergem de tempos em tempos nestas terras do hemisfério sul.

Ao mesmo tempo, fracassada a coalizão que permite governar, emergem crises políticas periódicas cujos remédios cobram um altíssimo custo para a nação. Ou o país vai à ruína, ou o presidente renuncia, ou ocorre um golpe, ou se busca o *impeachment*, um caminho demorado, complexo e por demais oneroso. Na circunstância, não há possibilidade do manejo dos mecanismos de solução mais singela próprios do parlamentarismo, como a convocação antecipada de eleições, a aprovação de moção de censura ou a formação de um novo governo.

---

[195] ABRANCHES, Sérgio. *Presidencialismo de coalizão*: raízes e evolução do modelo político brasileiro. São Paulo: Companhia das Letras, 2018.

É neste quadro, por exemplo, que várias autoridades e doutrinadores, brasileiros e estrangeiros, propõem a adoção do parlamentarismo entre nós. O constitucionalista norte-americano Bruce Ackerman,[196] por exemplo, defende para o Brasil, com os olhos voltados para 2023, a convocação de uma nova Constituinte que culmine com a adoção do parlamentarismo. Isto, segundo o jurista estadunidense, poderia impedir a eleição de presidentes radicais tanto de esquerda quanto de direita. Em adequado contraste, vários artigos foram publicados por juristas brasileiros demonstrando o risco, neste momento, de convocar uma Constituinte e afirmando que o melhor, nesta altura, no que estão certos, é dar completa efetividade à Constituição, mesmo com os defeitos que ela ostenta neste ou naquele capítulo.[197]

---

[196] Exposição realizada no Painel 80 – Jurisdição Constitucional em Tempos de Crise, para o evento "O Direito em Tempos de Covid-19", organizado pelo IDP, mediado pelos ministros do STF Gilmar Mendes e Ricardo Lewandowski, no dia 26.6.2020. O autor publicou em português: ACKERMAN, Bruce. O Brasil precisa de uma nova Constituição. *Correio Braziliense*, 13 jul. 2020. Disponível em: https://www.correiobraziliense.com.br/app/noticia/opiniao/2020/07/13/internas_opiniao,871622/o-brasil-precisa-de-nova-constituicao.shtml. Acesso em: 16 set. 2020. Também na versão inglesa: ACKERMAN, Bruce. Brazil's constitutional dilemma in comparative perspective: do Chile and Spain cast light on the Bolsonaro crisis. *I-CONnect*, 16 jul. 2020. Disponível em: http://www.iconnectblog.com/2020/07/brazil's-constitutional-dilemma-in-comparative-perspective:-do-chile-and-spain-cast-light-on-the-bolsonaro-crisis?. Acesso em: 16 set. 2020.

[197] BUSTAMANTE, Thomas da Rosa *et al*. Why replacing the Brazilian Constitution is not a good idea: a response to Professor Bruce Ackerman. *Int'l J. Const. L. Blog*, 28 jul. 2020. Disponível em: http://www.iconnectblog.com/2020/07/why-replacing-the-brazilian-constitution-is-not-a-good-idea-a-response-to-professor-bruce-ackerman/. Acesso em: 22 set. 2020; CORBO, Wallace; PONTES, João Gabriel Madeira. No need for a new constitution in Brazil: a reply to Professor Bruce Ackerman. *VerfBlog*, 31 jul. 2020. Disponível em: https://verfassungsblog.de/no-need-for-a-new-constitution-in-brazil/. Acesso em: 22 set. 2020; GALVÃO, Jorge Octávio; ROBALINHO, Ana Beatriz. Por que Bruce Ackerman quer uma nova Constituição para o Brasil? *Conjur*, 22 ago. 2020. Disponível em: https://www.conjur.com.br/2020-ago-22/observatorio-constitucional-ackerman-constituicao-brasil. Acesso em: 22 set. 2020.

Acresce-se que, se houve um "momento constituinte" no passado recente do Brasil este ocorreu em 2013 e foi desperdiçado pela incapacidade institucional de responder adequadamente às manifestações das ruas, que pareciam clamar justamente pela efetivação da Constituição. As manifestações foram combatidas com violência policial e com uma proposta inapropriada de uma "constituinte exclusiva". Há quem veja em 2013 um ensaio do *impeachment* de 2016; de nossa parte, prefere-se a diferenciação de tais eventos, até pelo colorido das bandeiras e das demandas. De qualquer sorte, a conta de 2013 deve levar em consideração a paradoxal incapacidade de resposta advinda das instituições públicas, com especial destaque para a Presidência. A esfinge devorou aqueles que se demonstraram incapazes de responder ao seu enigma, ainda que o processo de digestão tenha demorado alguns anos.

O tempo, o momento adequado das decisões importa. É de se duvidar que autores estrangeiros aceitassem um experimentalismo arriscado em tempos de tempestade. Será que Ackerman concordaria com tal proposta em seu país sob a presidência de Donald Trump? Não seria esta uma visão de um colonialismo revificado que percebe nas colônias um lugar potencial para fazer experimentos políticos, constitucionais e econômicos de toda sorte?

Outros, como os ministros Barroso[198] e Gilmar Mendes,[199] advogam a adoção, certamente no momento propício, do semipresidencialismo, mais na linha do praticado em Portugal

---

[198] BARROSO, Luís Roberto. A reforma política: uma proposta de sistema de governo, eleitoral e partidário para o Brasil. *Revista de Direito do Estado*, n. 3, p. 287-262, jul./set. 2006.

[199] PEC nº 79, enviada pelo Min. Gilmar Mendes, em 2017 (Disponível em https://www.jota.info/wp-content/uploads/2017/12/pec-gilmar-semipresidencialismo-vale-esta.pdf. Acesso em: 17 set. 2020).

do que na França, no qual, ao contrário do português, o presidente, fator de desgaste e crises, preside o Conselho de Ministros e não o primeiro-ministro. Em ambos os casos há uma divisão de tarefas entre o chefe de Estado e o chefe do Governo. A eleição direta para a Chefia do Estado e as tarefas a cumprir apartam a experiência semipresidencial da parlamentarista. No caso português, o presidente eleito diretamente pelo voto acompanha a formação do governo e, depois, além do exercício de funções protocolares, exerce vigilância sobre o trabalho governamental sem dele diretamente participar, zelando, ademais, pelo cumprimento da Constituição. Cuida de questões permanentes e não sofre com as conjunturais, momentâneas, temporárias, preservando a sua autoridade nos períodos de crises emergentes para assegurar a continuidade do Estado, do regime e o cumprimento da normatividade constitucional.

A adoção do semipresidencialismo deve ser estudada, inclusive porque ele é compatível com a luta do povo brasileiro pela eleição direta para presidente e com o resultado do plebiscito no qual o povo brasileiro escolheu, certamente em função da possibilidade da eleição direta, o presidencialismo. Mas a adoção do semipresidencialismo não é suficiente para resolver a questão da governabilidade. É por isso que Jorge Reis Novais,[200] um dos grandes constitucionalistas portugueses, diz que o semipresidencialismo – sobre o qual escreveu uma alentada obra em dois volumes – isoladamente não solucionaria o problema nacional que decorre primeiramente da disfunção do quadro partidário. A questão antecedente, portanto, é a revisão do regime dos partidos políticos. A fragmentação, a

---

[200] NOVAIS, Jorge Reis. *Semipresidencialismo*: o sistema semipresidencial português. Coimbra: Almedina, 2010. v. I.

falta de representatividade, a inautenticidade, a frágil lealdade entre os seus membros e mandatários, tudo isso compromete a credibilidade das agremiações políticas. Seria, certamente, o caso de ter menos partidos, mas partidos mais sólidos, representativos, verdadeiros canais de expressão da voz de amplos setores da população.

Entra aqui a chamada cláusula de barreira. O Supremo Tribunal Federal, e isso é reconhecido, entre tantos, pelos ministros Nelson Jobim e Gilmar Mendes, incorreu em grave erro ao declarar por unanimidade (ADIs nºs 1.351 e 1.354 aforadas pelo PCdoB e pelo PSC)[201] a inconstitucionalidade da cláusula de barreira instituída pela Lei dos Partidos Políticos (Lei nº 9.096/95), trazendo, como efeito colateral, a proliferação das agremiações partidárias. Estímulo em análoga direção veio com a possibilidade de coligações para a disputa de eleições proporcionais, o que, felizmente, foi depois proibido pela EC nº 97/17.[202] Por fim, do julgamento que tratou da fidelidade partidária, implicando perda do mandato para o infiel, exceto, entre outras hipóteses, para a criação de partido novo, também resultou aumento descomunal de novos partidos. As decisões trazem consequências que precisam ser verificadas no âmbito do estudo da prognose. Se é verdade que os tribunais devem decidir por princípios e não por valores,[203]

---

[201] ADI nº 1.351 e ADI nº 1.354, julgamento conjunto em 7.12.2006, de relatoria do Min. Marco Aurélio.

[202] "Art. 17. [...] §1º É assegurada aos partidos políticos autonomia para definir sua estrutura interna e estabelecer regras sobre escolha, formação e duração de seus órgãos permanentes e provisórios e sobre sua organização e funcionamento e para adotar os critérios de escolha e o regime de suas coligações nas eleições majoritárias, vedada a sua celebração nas eleições proporcionais, sem obrigatoriedade de vinculação entre as candidaturas em âmbito nacional, estadual, distrital ou municipal, devendo seus estatutos estabelecer normas de disciplina e fidelidade partidária".

[203] DWORKIN, Ronald. *O império do direito*. Tradução de Jefferson Luiz Camargo. São Paulo: Martins Fontes, 2007. p. 292.

levando em conta os dispositivos normativos e não as consequências da decisão, não é menos certo que, na aplicação dos princípios, as consequências, embora não determinantes, também merecem ser estimadas. Não se trata de pragmatismo, mas de mero mapeamento do universo no qual incidirá a adjudicação. Felizmente, a situação parece ter sido resolvida, em parte, com a aprovação, pela EC nº 97/17, da exigência de satisfação de certas condições[204] para o acesso aos recursos do fundo partidário e ao tempo gratuito para propaganda de rádio e televisão, o que significa de certo modo o renascimento, entre nós, da cláusula de desempenho.

Os partidos precisam ser autênticos, verdadeiros, portas abertas para a participação da cidadania, e não meros instrumentos de acomodação dos interesses das oligarquias que os comandam. É preciso, também, haver um mínimo de lealdade e de fidelidade aos ideais partidários, sem contar o fato de que os partidos devem ser claramente distinguidos uns dos outros. Temos, sim, alguns com essas características. Veja-se o caso do PSOL, do PCdoB e do PT, por exemplo. Os demais, no geral, são constelações de interesses associados, meros instrumentos de acesso ao poder ou ao dinheiro do fundo partidário. Como ocorre em outros países, o robustecimento do processo democrático e a solução das recorrentes crises do presidencialismo brasileiro dependem da funcionalidade, do fortalecimento e da estabilidade do sistema partidário.

---

[204] "Art. 17. [...] §3º Somente terão direito a recursos do fundo partidário e acesso gratuito ao rádio e à televisão, na forma da lei, os partidos políticos que alternativamente: I - obtiverem, nas eleições para a Câmara dos Deputados, no mínimo, 3% (três por cento) dos votos válidos, distribuídos em pelo menos um terço das unidades da Federação, com um mínimo de 2% (dois por cento) dos votos válidos em cada uma delas; ou – tiverem elegido pelo menos quinze Deputados Federais distribuídos em pelo menos um terço das unidades da Federação".

4.2 Tratando do déficit de legitimidade

Há quatro propostas de solução para o problema da deficiência de legitimidade da representação que podem alcançar a adesão necessária para ingresso na arena pública de debate.

4.2.1 Primeira

É necessário adequar a proporcionalidade na representação dos estados na Câmara dos Deputados. Sim, é difícil. Alguns estados resistirão. Mas cumpre reconhecer que mantemos, hoje, uma definição artificial e injusta, concebida, ainda, durante o regime militar. Experimenta-se, diante da previsão constitucional de um mínimo de oito e um máximo de 70 representantes por estado, um problema de sub-representação de populações inteiras e de super-representação de outras. Isso claramente afeta a democracia. As agendas das sociedades mais simples super-representadas se superpõem àquelas das coletividades mais complexas, urbanas, causando estranhamento, distanciamento e déficit de representação quando considerado o país por inteiro. Ora, os estados já são representados de modo igual no Senado. Robert Dahl,[205] reportando-se à representação igual dos estados no Senado, colocou em dúvida o caráter democrático da Constituição estadunidense. O que ele não perguntaria aqui, entre nós – quando a Câmara dos Deputados apresenta uma composição inadequada para a autêntica e fiel representação da população brasileira?

---

[205] DAHL, Robert. *A Constituição norte-americana é democrática?* Tradução de Vera Ribeiro. Rio de Janeiro: FGV, 2015.

4.2.2 Segunda

Ao mesmo tempo, é importante estudar a possível troca, para a composição da Câmara dos Deputados, do sistema proporcional pelo distrital misto, sendo eleitos pelo sistema majoritário os candidatos que concorrem às vagas dos distritos eleitorais, enquanto as demais são preenchidas pelo sistema proporcional com – é o que se sugere – lista fechada. O sistema distrital puro é, na verdade, mais simples, mais compreensível para o povo brasileiro, que, acostumado com as eleições para o Executivo nas três esferas da Federação e para o Senado, entende facilmente quem é o ganhador e como o jogo é jogado. Ele permite, além disso, uma vinculação mais sólida entre o mandatário eleito e os representados, facilitando inclusive a adoção do *recall*. Claro que a lei de Maurice Duverger[206] deve ser considerada. O sistema distrital tende ao bipartidarismo, o que pode significar o aniquilamento dos pequenos partidos, inclusive os autênticos e ideológicos, o que constituiria uma lástima. Outro grande desafio está no desenho dos próprios distritos e no problema da prática do *Gerrymandering*,[207] o qual, sem dúvida, poderia ocorrer aqui. Mas nenhum sistema está livre de efeitos colaterais. Todos apresentam vantagens e desvantagens que precisam ser sopesadas. Diante disso, defende-se levar para a arena pública o debate a propósito da possível adoção, entre nós, como na Alemanha, do sistema distrital misto, o que constituiria um considerável avanço.

---

[206] MAURICE, Duverger. *Les partis politiques*. Paris: Colin, 1951.
[207] Trata-se do estabelecimento indevido de vantagens políticas para um grupo político ou para um partido pela manipulação das fronteiras dos distritos eleitorais.

4.2.3 Terceira

O país reclama, por outro lado, a ampliação das técnicas de democracia direta, sobretudo no âmbito local, como ocorre em outros países. Recorde-se, aqui, dos Estados Unidos com as consultas que acompanham as eleições. Importa lembrar, também, do *recall*, da iniciativa legislativa popular e das postulações revocatórias. Enfatize-se o âmbito local, eventualmente o regional, porque, segundo a advertência de Dominique Rousseau,[208] há inconvenientes nos plebiscitos e referendos nacionais. Se no âmbito local devem constituir uma prática frequente, corriqueira, no plano nacional merecem ser manejados com significativa cautela e de modo espaçado para sinalizar a gravidade das deliberações e evitar o populismo, a formação de maiorias eventuais e instáveis, a captura dos instrumentos de persuasão pelos demagogos, o irracionalismo e a consequente discussão emocional de temas complexos e sensíveis que podem trazer consequências negativas para a nação e para os próprios eleitores, como a aprovação de novas Constituições ou as reformas constitucionais propostas por governos iliberais no auge de sua popularidade.[209]

4.2.4 Quarta

Tem-se, por fim, outro problema a comprometer o processo democrático, a ideia de representação e a igualdade. Reporta-se à presença insignificante dos grupos minoritários entre os mandatários eleitos. Falo mesmo daqueles que,

---

[208] ROUSSEAU, Dominique. *Radicaliser la démocratie*: propositions pour une refondation. Paris: Seuil, 2015; do mesmo autor: *La démocratie continue*. Paris: LGDJ, 1995.
[209] ALBRIGHT, Madeleine. *Fascism*: a warning. London: William Collins, 2018.

paradoxalmente, formam a maioria da população, como os negros e as mulheres. A solução mais simples e, ao mesmo tempo, mais difícil de implantar é a reserva de vagas nas casas legislativas. A adoção de medidas de estímulo e de suporte para diminuir a discrepância abissal, entretanto, substancia um bom começo. O Congresso Nacional e o Tribunal Superior Eleitoral, este último ao dar efetividade às medidas legislativas aprovadas pelo primeiro, estão caminhando na direção correta quando criam incentivos para a presença das mulheres na disputa partidária, com determinação de percentual mínimo de candidaturas femininas,[210] dotando-as de condições efetivas de disputa decorrentes do acesso proporcional aos recursos do partido e espaço no rádio e na televisão para a promoção da campanha eleitoral. Não se tratam, afinal, as candidaturas femininas, de meras formalidades. E o mesmo, doravante, deve ser defendido em relação aos negros que, apesar de constituírem a maioria da população brasileira, continuam sem presença adequada nos cargos do Poder Executivo ou Legislativo.[211] Os nossos parlamentos, no âmbito federal, regional e local, não retratam, por isso, a geografia humana do Brasil, de modo que as minorias políticas, apesar de serem maiorias estatísticas, não são efetivamente representadas nas várias instâncias de decisão política. Não se ignorando,

---

[210] Lei nº 9.504/97: "Art. 10. [...] §3º Do número de vagas resultante das regras previstas neste artigo, cada partido ou coligação preencherá o mínimo de 30% (trinta por cento) e o máximo de 70% (setenta por cento) para candidaturas de cada sexo" (redação dada pela Lei nº 12.034/2009). O STF, na ADI nº 5.617, julgada em 15.3.2018, de relatoria do Min. Edson Fachin, equiparou o patamar legal mínimo de candidaturas femininas, também, ao de recursos do Fundo Partidário destinado a estas. O entendimento foi estendido à Resolução nº 23.607/2019 do TSE, de relatoria do Min. Barroso.

[211] Na MC-ADPF nº 738, de relatoria do Min. Ricardo Lewandowski, julgada em 9.9.2020, reconheceu-se a imediata aplicação dos efeitos do julgamento realizado pelo TSE (CTA nº 0600306-47. Rel. Min. Luís Roberto Barroso, 25.8.2020).

ademais, a importância da interseccionalidade das identidades sociais e a relevância da sua representação política, como forma de construção de meios de enfrentamento das múltiplas opressões sofridas por tais grupos.

5 Conclusão

Estas, em síntese, são as propostas essenciais que ora são sintetizadas para possibilitar a união dos diferentes pensamentos voltados à constituição de uma vontade nacional. Entendemos que estas medidas, entre (i) *salvar* e (ii) *robustecer a democracia*, constituem um bom começo para, constando da agenda pública de debates, proporcionar maior aproximação entre representados e representantes, diminuindo o *déficit* de legitimidade dos decisores e o distanciamento dos eleitores que culminam em desinteresse, inércia e abstenção. Importa atravessar a selvageria e o populismo grosseiro,[212] superar o jogo duro constitucional (*constitutional hardball*), repelir as consequências do ódio discursivo, retomar o que a civilização ensinou à política (*fair play*)[213] e recobrar a fé e a esperança em um mundo melhor, em um Brasil de todos, uma verdadeira associação política formada por cidadãs e cidadãos livres e iguais. Dizia Gilberto Amado em um livro clássico (*Eleição e representação*),[214] referindo-se a dois momentos da história brasileira, que antes tínhamos eleições fraudadas e representação verdadeira e, depois, passamos a contar com eleições verdadeiras e representação fraudada. Ele, provavelmente,

---

[212] FERRAJOLI, Luigi. *Poderes salvajes*: la crisis de la democracia constitucional. Madrid: Trotta, 2011.

[213] VIEIRA, Oscar Vilhena. *A batalha dos poderes*: da transição democrática ao mal-estar constitucional. São Paulo: Companhia das Letras, 2018.

[214] AMADO, Gilberto. *Eleição e representação*. Brasília: Senado Federal, 1999. p. 29.

não oferecia uma boa fotografia de nossa história. De qualquer modo, as duas coisas ao mesmo tempo são necessárias: eleições verdadeiras e representação autêntica. Trabalhemos para isso.

Referências

ABRANCHES, Sérgio. *Presidencialismo de coalizão*: raízes e evolução do modelo político brasileiro. São Paulo: Companhia das Letras, 2018.

ACKERMAN, Bruce. Brazil's constitutional dilemma in comparative perspective: do Chile and Spain cast light on the Bolsonaro crisis. *I-CONnect*, 16 jul. 2020. Disponível em: http://www.iconnectblog.com/2020/07/brazil's-constitutional-dilemma-in-comparative-perspective:-do-chile-and-spain-cast-light-on-the-bolsonaro-crisis?. Acesso em: 16 set. 2020.

ACKERMAN, Bruce. O Brasil precisa de uma nova Constituição. *Correio Braziliense*, 13 jul. 2020. Disponível em: https://www.correiobraziliense.com.br/app/noticia/opiniao/2020/07/13/internas_opiniao,871622/o-brasil-precisa-de-nova-constituicao.shtml. Acesso em: 16 set. 2020.

ALBRIGHT, Madeleine. *Fascism*: a warning. London: William Collins, 2018.

AMADO, Gilberto. *Eleição e representação*. Brasília: Senado Federal, 1999.

ARENDT, Hannah. *On revolution*. New York: Penguin Books, 2006.

BARBOZA, Estefânia Maria Queiroz; ROBL FILHO, Ilton Norberto. Constitucionalismo abusivo: fundamentos teóricos e análise da sua utilização no Brasil contemporâneo. *Direitos Fundamentais & Justiça*, Belo Horizonte, ano 12, n. 39, p. 79-97, jul./dez. 2018.

BARROSO, Luís Roberto. A reforma política: uma proposta de sistema de governo, eleitoral e partidário para o Brasil. *Revista de Direito do Estado*, n. 3, p. 287-262, jul./set. 2006.

BUSTAMANTE, Thomas da Rosa *et al*. Why replacing the Brazilian Constitution is not a good idea: a response to Professor Bruce Ackerman. *Int'l J. Const. L. Blog*, 28 jul. 2020. Disponível em: http://www.iconnectblog.com/2020/07/why-replacing-the-brazilian-constitution-is-not-a-good-idea-a-response-to-professor-bruce-ackerman/. Acesso em: 22 set. 2020.

CORBO, Wallace; PONTES, João Gabriel Madeira. No need for a new constitution in Brazil: a reply to Professor Bruce Ackerman. *VerfBlog*, 31 jul. 2020. Disponível em: https://verfassungsblog.de/no-need-for-a-new-constitution-in-brazil/. Acesso em: 22 set. 2020.

DAHL, Robert. *A Constituição norte-americana é democrática?* Tradução de Vera Ribeiro. Rio de Janeiro: FGV, 2015.

DWORKIN, Ronald. *O império do direito*. Tradução de Jefferson Luiz Camargo. São Paulo: Martins Fontes, 2007.

ELKINS, Zachary; GINSBURG, Tom. Latin American presidentialism in comparative and historical perspective. *Tex. L. Rev.*, v. 89, 2010.

FERRAJOLI, Luigi. *Poderes salvajes*: la crisis de la democracia constitucional. Madrid: Trotta, 2011.

GALVÃO, Jorge Octávio; ROBALINHO, Ana Beatriz. Por que Bruce Ackerman quer uma nova Constituição para o Brasil? *Conjur*, 22 ago. 2020. Disponível em: https://www.conjur.com.br/2020-ago-22/observatorio-constitucional-ackerman-constituicao-brasil. Acesso em: 22 set. 2020.

GARGARELLA, Roberto. El constitucionalismo latinoamericano y la "sala de máquinas" de la constitución (1980-2010). *Gaceta Constitucional*, v. 48, p. 289-306, 2011.

GINSBURG, Tom; HUQ, Aziz Z. *How to save a constitutional democracy*. Chicago: University of Chicago Press, 2018.

GUGLIANO, Monica. Vou intervir! *Piauí*, n. 167, p. 22-25, ago. 2020.

LANDAU, David. Abusive constitutionalism. *U.C. Davis L. Rev.*, v. 47, n. 189, 2013. Disponível em: https://ir.law.fsu.edu/articles/555. Acesso em: 15 set. 2020.

LEVITSKY, Steven; ZIBLATT, Daniel. *How democracies die*. Portland: Broadway Books, 2018.

MAURICE, Duverger. *Les partis politiques*. Paris: Colin, 1951.

NOVAIS, Jorge Reis. *Semipresidencialismo*: o sistema semipresidencial português. Coimbra: Almedina, 2010. v. I.

POPPER, Karl R. *The open society and its enemies*. New Jersey: Princeton University Press, 2020.

ROUSSEAU, Dominique. *La démocratie continue*. Paris: LGDJ, 1995.

ROUSSEAU, Dominique. *Radicaliser la démocratie*: propositions pour une refondation. Paris: Seuil, 2015.

SANTIAGO NINO, Carlos. El presidencialismo y la justificación, estabilidad y eficiencia de la democracia. *Propuesta y Control*, p. 39-56, 1990.

SCHUMPETER, Joseph A. *Capitalism, socialism and democracy*. London and New York: Routledge, 2013.

STANLEY, Jason. *How fascism works*: the politics of us and them. United States: Random House Trade Paperbacks, 2020.

VIEIRA, Oscar Vilhena. *A batalha dos poderes*: da transição democrática ao mal-estar constitucional. São Paulo: Companhia das Letras, 2018.

NOTAS SOBRE A TOLERÂNCIA: FUNDAMENTOS, DISTINÇÕES E LIMITES

1 Introdução

Os momentos derradeiros da segunda década do século XXI mostram que a nossa sociedade, que parecia trilhar ordinário caminho, foi colocada fora da ordem. Alguém que adote leitura de mundo mais cética insistirá que foi um equívoco depositar tanta esperança na racionalidade, na democracia, na pluralidade, na tolerância e na justiça como valores estruturantes da comunidade e que, de fato, são escassos os motivos para espanto na medida em que fenômenos como o populismo, a irracionalidade, o pensamento único, a intolerância e a injustiça nunca deixaram de aparecer nos jornais.

Alguém mais otimista poderá se municiar de dados e argumentar que se vive, hoje, em situação melhor do que em tempos pretéritos e que os problemas experimentados agora são novos, demandando novos instrumentos e técnicas para o enfrentamento, considerado, todavia, o fato de que a correta direção já está pautada, tratando-se de segui-la.

Entre as duas versões extremas, o motivo da surpresa não reside apenas nos desafios das novas mídias e na incalculável capacidade de processamento de informações (verdadeiras e falsas) que ostentam sob o risco do delírio, mas no fato de uma porta que já se imaginou fechada ter sido reaberta. Está-se a referir à que reintroduziu na gramática política nacional a possibilidade do desrespeito às instituições e a ruptura da ordem constitucional como práticas presentes na arena política.

A reabertura desta porta é motivo de preocupação: as convenções não escritas tidas como consolidadas no jogo político foram violadas, observando-se a emergência de renovados meios de articulação de atividades que trazem consigo a marca da destruição e uma latente pulsão que contamina a agenda política nacional.

É difícil não ver os atos e falas causadores de mal-estar (*Unbehagen*), introduzidos por pulsões de morte e agitadas por aqueles que não mais escondem suas intenções ou se intimidam em explicitar propostas políticas articuladas para a produção de tempestade, a organização da vida para o fenecimento e a desconstrução daquilo que sempre foi compreendido como a marcha da cultura e da civilização que se articulava com os valores presentes no processo de redemocratização e reconstrução da comunidade política brasileira desde 1988.

De acordo com Amin Maalouf, o mundo passa por um desajuste em série: ordens climática, intelectual, financeira, geopolítica e étnica ao mesmo tempo. Isto tudo é tributário dos movimentos de regressão que ameaçam desfazer aquilo que sucessivas gerações se esforçaram para construir.[215] Afirma que a sociedade é uma embarcação à deriva, desnorteada, sem rumo, sem mapa, sem horizonte, sendo necessária uma guinada para prevenir o naufrágio.

Com a queda do Muro de Berlim e o fim do mundo bipolar, passou-se para um contexto em que as divisões não

---

[215] MAALOUF, Amin. *O mundo em desajuste*: quando nossas civilizações se esgotam. Tradução de Jorge Bastos. Rio de Janeiro: Difel, 2011.

são apenas ideológicas, mas também identitárias. Cada um proclama suas filiações e verdades, mobiliza os próximos e ataca os inimigos imaginários. Ao que tudo indica, o mundo escolheu uma saída na direção do menosprezo de valores como o universalismo, a racionalidade e a laicidade, o que agride importante elemento de nossa estrutura social que é o livre debate de ideias.

Diante deste estado de coisas, manifesta-se um dever de rememoração. Este é de extrema valia nos momentos em que as coisas parecem estar "fora dos eixos". E são os tempos disjuntivos que demandam a renovação do compromisso com a liberdade.[216] Para tanto, cumpre, por um lado, reconhecer que o perdão (*amnestia*) não se confunde com o esquecimento (*amnésia*), e, por outro, que não há um passado mítico suscetível de escolha seletiva, sendo necessário combater sem tréguas a política elogiosa da suposta e manipulada glória pretérita da nação.[217]

Propõe-se recordar, nesta oportunidade, conceito extremamente caro ao liberalismo político e valor fundamental que, embora não esteja positivado em termos expressos na Constituição, aparece, como *reserva de justiça*, entrincheirado enquanto cláusula constitucional:[218] a tolerância. Encontra-se implícita entre os objetivos fundamentais da república nos termos da proibição de preconceito e outras formas de discriminação (art. 3º, IV). A conjugação se faz evidente com a busca pela promoção do bem de todos, em uma sociedade tolerante e sem discriminação, aspectos basilares de nossos

---

[216] SNYDER, Thimothy. *Sobre a tirania*: vinte lições do século XX para o presente. São Paulo: Companhia das Letras, 2017.

[217] STANLEY, Jason. *Como funciona o fascismo*: a política do "nós" e "eles". Porto Alegre: L&PM, 2018. p. 33.

[218] VIEIRA, Oscar Vilhena. A Constituição como reserva de justiça. *Lua Nova*, n. 42, p. 53-97, 1997.

consensos mínimos,[219] imunizados de alterações derivadas de paixões momentâneas ou afetos transitórios.

2 Fundamentos

Judith Shklar alerta que o liberalismo político poderia ter perdido sua identidade por completo a ponto de, amorfo, servir a qualquer propósito. Fazia-se necessário insistir que ele consiste em doutrina cujo propósito primeiro é o de garantir os pressupostos indispensáveis para que as pessoas possam exercer, sem embaraços injustificáveis, as liberdades pessoais.[220]

O liberalismo político, desde a referida perspectiva, não se apresentaria como uma doutrina propositiva; o seu mandamento nuclear consiste na vedação de interferência indevida na esfera existencial alheia. Além disso, não dispõe de nenhuma orientação específica sobre o modo de vida das pessoas, sobre como estas devem ser ou se comportar ou quais escolhas podem realizar. Shklar afirma que o liberalismo foi importante tanto na teoria como na prática nos últimos duzentos anos e, em texto de 1989, já alertava que aqueles que pensavam que o fascismo estava morto, de uma forma ou de outra, deveriam repensar a questão.[221]

---

[219] "A Constituição de um Estado democrático tem duas funções principais. Em primeiro lugar, compete a ela veicular consensos mínimos, essenciais para a dignidade das pessoas e para o funcionamento do regime democrático, e que não devem poder ser afetados por maiorias políticas ocasionais. [...] Em segundo lugar, cabe à Constituição garantir o espaço próprio do pluralismo político, assegurando o funcionamento adequado dos mecanismos democráticos" (BARROSO, Luís Roberto. *Curso de direito constitucional contemporâneo: os conceitos fundamentais e a construção do novo modelo*. 6. ed. São Paulo: Saraiva, 2017. p. 116).

[220] SHKLAR, Judith. The liberalism of fear. *In*: ROSENBLUM, Nancy L. *Liberalism and the moral life*. Cambridge: Harvard University Press, 1989. p. 21.

[221] SHKLAR, Judith. The liberalism of fear. *In*: ROSENBLUM, Nancy L. *Liberalism and the moral life*. Cambridge: Harvard University Press, 1989. p. 22.

Para Shklar, o liberalismo foi um *retardatário*, suas origens remontando à Europa pós-reforma, um período histórico de grande tensão política. As crueldades das guerras religiosas reclamaram a tolerância como algo valioso, uma expressão da caridade cristã.[222] Está no cerne do liberalismo político o entendimento de que as pessoas devem tomar decisões éticas a respeito de suas vidas e assumir as consequências devidas de tais decisões. Mas a doutrina demanda não apenas autonomia pessoal; sua teorização estará incompleta sem a menção a um governo limitado e responsável.[223] As raízes mais profundas do liberalismo estão fundadas na condenação dos primeiros defensores da tolerância, como John Locke e Pierre Bayle, aos horrores das guerras religiosas.

Shklar entende que Thomas Hobbes não pode ser tratado como o pai do liberalismo. Isso pelo motivo singular de que nenhuma teoria que aceite atribuir poder incondicionado às autoridades para a imposição de uma crença e, até mesmo, de um vocabulário, pode ser tratada, ainda que de maneira remota, como liberal.[224] A tolerância, ao contrário, apresenta-se como limitadora dos agentes públicos e como o fator auxiliar na determinação da linha divisória entre o público e o privado, separação que, não sendo estanque, é fundamental.

---

[222] SHKLAR, Judith. The liberalism of fear. *In*: ROSENBLUM, Nancy L. *Liberalism and the moral life*. Cambridge: Harvard University Press, 1989. p. 23.

[223] SHKLAR, Judith. The liberalism of fear. *In*: ROSENBLUM, Nancy L. *Liberalism and the moral life*. Cambridge: Harvard University Press, 1989. p. 23.

[224] SHKLAR, Judith. The liberalism of fear. *In*: ROSENBLUM, Nancy L. *Liberalism and the moral life*. Cambridge: Harvard University Press, 1989. p. 24. Por exemplo, para Hobbes: "Essa passagem mostra claramente que Reino de Deus é um Estado, instituído (pelo consentimento dos que serão seus Súditos) para seu Governo Civil e para o controle de seu comportamento, não apenas para com Deus, seu Soberano, mas, também, entre eles, com referência à Justiça e para com as outras Nações tanto na paz como na guerra" (HOBBES, Thomas. *Leviatã, ou, A matéria, forma e poder de um estado eclesiástico e civil*. São Paulo: Ícone, 2000. p. 289).

Para Shklar, importa repudiar os abusos de poder, seja em qual regime for, e combater os excessos dos agentes públicos em todos os níveis de governo, inclusive porque os que mais sofrem com tais medidas são justamente os mais vulneráveis, os fracos e os pobres.²²⁵ Se não for impedido, a história é eloquente ao demonstrar, o abuso ocorrerá. Desse modo, um governo constitucional é condição necessária, embora insuficiente, para a manifestação do liberalismo político.

A herança de Locke reside na ideia de que os governos dotados de força para matar, mutilar e fazer a guerra, exercendo o monopólio da violência física supostamente justificada, não devem receber crédito incondicional e, mais, que eventual confiança na ação dos agentes merece ser temperada por adequada dose de ceticismo.²²⁶ A separação entre as funções do governo civil e da religião é, por outro lado, uma das preocupações centrais de Locke. A religião não deve ser assunto do Estado. Assuntos públicos e de fé, portanto, não podem ser misturados.²²⁷

Mas isso não seria tudo, não bastando que as pessoas de uma religião se abstivessem da violência contra as outras. Aqueles que almejam ser "sucessores dos apóstolos" devem cultivar os deveres da paz e da boa vontade para com os demais, inclusive os que diferem na fé e na adoração.²²⁸ Por isso, escreve Locke, pagãos, muçulmanos e judeus não podem ter os seus direitos violados em razão da religião.²²⁹

---

[225] SHKLAR, Judith. The liberalism of fear. *In*: ROSENBLUM, Nancy L. *Liberalism and the moral life*. Cambridge: Harvard University Press, 1989. p. 28.

[226] SHKLAR, Judith. The liberalism of fear. *In*: ROSENBLUM, Nancy L. *Liberalism and the moral life*. Cambridge: Harvard University Press, 1989. p. 30.

[227] LOCKE, John. *A letter concerning toleration and other writings*. Indianapolis: Liberty Fund, 2010. p. 45.

[228] LOCKE, John. *A letter concerning toleration and other writings*. Indianapolis: Liberty Fund, 2010. p. 45.

[229] LOCKE, John. *A letter concerning toleration and other writings*. Indianapolis: Liberty Fund, 2010. p. 63.

Sua tolerância, curiosamente, não alcançava os ateus, sustentando que negadores de Deus não seriam capazes de firmar compromissos e promessas, atividades consideradas fundamentais para a sociedade humana.[230] A tolerância também não beneficiava os católicos romanos na medida em que estes, segundo argumentava, adotam doutrinas perigosas e destrutivas da sociedade, sujeitando-se, ademais, apenas ao Papa.[231]

Note-se que, para Locke, a tolerância para com judeus, muçulmanos e pagãos é categórica, porém, esperançosa quanto à possibilidade de conversão. Há, neste ponto, uma preocupação especial sobre o procedimento para a realização de referida conversão, eis que, em oposição aos meios violentos observados em sua época, entendia que a amabilidade para com as opiniões diversas constituiria o fator central da unidade cristã.[232] A religião deveria residir no coração das pessoas, sendo a caridade central para a fé que, por sua vez, deriva do amor e não da força. A partir disso, Locke apela para a consciência dos que perseguem, atormentam, destroem e matam em razão da religião.[233] A perseguição, entendia, seria extremamente ineficiente; a coerção não é meio adequado para reunir as pessoas em torno da fé. As práticas violentas de conversão são mais opostas à glória de Deus do que qualquer dissenso, tanto que os cruéis para com os diferentes não promovem – muito ao contrário – os valores da Igreja.[234]

---

[230] LOCKE, John. *A letter concerning toleration and other writings*. Indianapolis: Liberty Fund, 2010. p. 60.
[231] LOCKE, John. *A letter concerning toleration and other writings*. Indianapolis: Liberty Fund, 2010. p. 96.
[232] LOCKE, John. *A letter concerning toleration and other writings*. Indianapolis: Liberty Fund, 2010. p. 74.
[233] LOCKE, John. *A letter concerning toleration and other writings*. Indianapolis: Liberty Fund, 2010. p. 36.
[234] LOCKE, John. *A letter concerning toleration and other writings*. Indianapolis: Liberty Fund, 2010. p. 37.

O diálogo e a paz substanciariam os meios justos para a convivência com os portadores de distinta crença, ao passo que os instrumentos de força reclamariam rejeição. A tolerância como valor estaria, portanto, ao lado da verdadeira "razão da humanidade". É difícil superar as controvérsias entre os realmente interessados na salvação das almas, de um lado, e os que pensam na segurança da comunidade, por outro.[235] Mas a função da sociedade é a de preservar a liberdade e os bens civis dos seus membros, por isso, mesmo que alguém queira, a ninguém pode ser conferido o poder de impor determinada crença, devendo a fé constituir atividade de foro particular imunizada contra a eventual violência da esfera pública. A tolerância, aqui, como se vê, significa predominantemente tolerância religiosa, embora o discurso sobre ela possa sofrer expansão para levar proveito a outros universos.

Como explica Luís Roberto Barroso:

> O século XVI foi marcado pelos efeitos da Reforma e pela recepção das ideias de Lutero e Calvino, tornando-se cenário de um longo e violento período de conflitos entre católicos e protestantes. A ascensão de Henrique IV ao trono francês, em 1594, após sua conversão ao catolicismo, deu início a uma fase de tolerância religiosa.[236]

Em 1598, Henrique IV promulgou o Édito de Nantes, que conferiu aos protestantes direitos políticos equivalentes.

Para o liberalismo político, é uma questão moral não fazer uso de meios coercitivos para reprimir a divulgação de ideias. No tempo de Bayle, muitos cristãos acreditavam que

---

[235] LOCKE, John. *A letter concerning toleration and other writings*. Indianapolis: Liberty Fund, 2010. p. 38.
[236] BARROSO, Luís Roberto. *Curso de direito constitucional contemporâneo*: os conceitos fundamentais e a construção do novo modelo. 6. ed. São Paulo: Saraiva, 2017. p. 50.

Deus havia comandado o uso de meios violentos para impedir a expansão do que chamavam de erro religioso e, mesmo fora do âmbito da fé, parecia natural impedir a divulgação de ideias "perigosas" pelo uso da força, considerado o meio mais efetivo. Porém, para o pensamento liberal, o uso deste meio está moralmente errado. No final do século XVII, Bayle apresentou uma ampla defesa da tolerância religiosa. Ele escreve em oposição à perspectiva de Santo Agostinho, para quem o uso da força como meio de efetivação da conversão não substanciaria prática reprovável.

Agostinho fundamentou a sua tese em passagem da Bíblia, mais especificamente de *Lucas 14, 23*, na qual se permitiu o uso da violência para compelir pessoas a participarem de um banquete do Reino de Deus depois que vários convidados, apresentando desculpas, deixaram de comparecer ao evento. O objetivo agostiniano era a conversão dos donatistas que poderiam ter contra si uma ação "disciplinadora", isso tendo em conta que a finalidade da conversão não era a destruição (física) mas, antes, a reeducação.[237]

Agostinho defendia ser obrigação dos cristãos compelir praticantes de outras religiões e heréticos para a fé e, ao mesmo tempo, compreendia ser o uso da violência um método aceitável para conduzir os recalcitrantes ao catolicismo. Aliás, o uso da violência contra heréticos com o propósito de ensinar a "verdade" era considerado por ele conduta não apenas admissível, mas obrigatória.

Bayle criticou o argumento de Agostinho contra a tolerância por duas razões: primeiro, afirmava que a interpretação

---

[237] FREITAS, Lucas Jorge de. *Estudo da construção do ethos retórico donatista e suas implicações no cristianismo africano do século IV e V*. Dissertação (Mestrado) – Universidade de São Paulo, São Paulo, 2013. p. 57-58.

literal dos evangelhos era contrária ao espírito da Bíblia; segundo, que a coação em questões religiosas não era nem útil em termos práticos, nem aceitável na esfera moral. Aqui, Bayle sugere o seguinte experimento: vamos supor, por um momento, que a Igreja de Roma seja a verdadeira Igreja. A partir disso, importa verificar os resultados da conversão compulsória. Quais teriam sido suas consequências? Bayle responde que a retirada de direitos dos protestantes teve como efeito apenas o incremento do fervor religioso.[238] Afirma que se, eventualmente, um príncipe protestante fizesse o mesmo com os católicos romanos, estes se tornariam mais devotos do Papa, assim como os turcos ficariam mais obstinados com o maometismo e os judeus com o judaísmo.[239] A persecução, portanto, teria o condão de inflamar as paixões e não o de promover conversões sinceras. As decisões pessoais precisam manter sintonia com a consciência.[240] Bayle assevera, ademais, que as pessoas não devem interferir em certas condutas alheias quando sejam, as interferências, moralmente equivocadas. Os tolerantes, portanto, teriam uma razão moral apriorística para não interferir na vida alheia.

Um argumento bastante utilizado para a instituição de religião oficial é a estabilidade que a iniciativa supostamente confere aos governos. Para além das razões de Locke e da importância da separação entre Estado e religião, os defensores da intolerância poderiam suscitar diversas mazelas derivadas

---

[238] BAYLE, Pierre. *A philosophical commentary on these words of the gospel, Luke 14.23, 'Compel Them to Come In, That My House May Be Full'*. Indianapolis: Liberty Fund, 2005. p. 176.

[239] BAYLE, Pierre. *A philosophical commentary on these words of the gospel, Luke 14.23, 'Compel Them to Come In, That My House May Be Full'*. Indianapolis: Liberty Fund, 2005. p. 176-177.

[240] BAYLE, Pierre. *A philosophical commentary on these words of the gospel, Luke 14.23, 'Compel Them to Come In, That My House May Be Full'*. Indianapolis: Liberty Fund, 2005. p. 299.

da discordância a respeito da pluralidade religiosa. Bayle, por sua vez, afirma que não há perigo na tolerância religiosa; o perigo, ao contrário, consistiria na repressão e destruição de umas às outras por meio de métodos de perseguição promovidos ou incentivados pelo poder estatal.[241]

No momento histórico em que Bayle se encontrava, a intolerância incluía atos brutais com fogo, pena de banimento, prisões em masmorras e esquartejamentos. Portanto, a razão moral por Bayle defendida era intuitiva: uma vez que é previsível que a ordem para não tolerar resultará em violência, não tolerar outras religiões constitui ato imoral.[242]

3 Distinções

Para Ira Katznelson, a tolerância é um conceito fundamental que diz respeito às características mais complexas e persistentes das relações humanas.[243] Percebe-se sua importância em meio a grupos que compreendem que a pluralidade é constitutiva, sendo reclamada para o desenvolvimento das habilidades exigidas para a vida em comunidade. Como freio à opressão, ao sofrimento e à violência, a tolerância se apresenta em situações nas quais, não obstante a dificuldade para ser alcançada, o respeito, a cooperação e a paz social prevalecem.[244]

---

[241] BAYLE, Pierre. *A philosophical commentary on these words of the gospel, Luke 14.23, 'Compel Them to Come In, That My House May Be Full'*. Indianapolis: Liberty Fund, 2005. p. 245.

[242] BAYLE, Pierre. *A philosophical commentary on these words of the gospel, Luke 14.23, 'Compel Them to Come In, That My House May Be Full'*. Indianapolis: Liberty Fund, 2005. p. 457.

[243] KATZNELSON, Ira. A form of liberty and indulgence: tolerance as a layered institution. *In*: STEPAN, Alfred; TAYLOR, Charles. *Boundaries of toleration*. New York: Columbia University Press, 2014. p. 38.

[244] KATZNELSON, Ira. A form of liberty and indulgence: tolerance as a layered institution. *In*: STEPAN, Alfred; TAYLOR, Charles. *Boundaries of toleration*. New York: Columbia University Press, 2014. p. 38.

Nesse contexto, um pressuposto liberal aparece na linha de base das relações sociais, consistindo na ideia de que, desde a perspectiva ética, a todos será conferido o poder de operar escolhas segundo as próprias compreensões da vida boa e na medida em que isto não implique violação de direitos.

Esta ideia se projeta em uma sociedade potencialmente permeada por diferentes formas de conflito, dissensos e controvérsias que almeja o convívio e a acomodação de práticas sociais e crenças díspares.[245]

As formas e estratégias para a produção e a reprodução da tolerância são plurais. Para tanto, é importante traçar distinções conceituais. A tolerância não se confunde com a indiferença, eis que demanda uma decisão intencional de permitir que grupos, práticas e crenças considerados díspares, eventualmente opostos, possam coexistir.[246] A tolerância se faz necessária quando certas manifestações ensejam mais do que simples desconforto ou antipatia; logo, ser tolerante demanda a aceitação racional de condutas que, intuitivamente, constrangem ou causam repulsa.

Tais formas de agir intencional, silêncio deliberado ou autorrestrição, pressupõem uma comunidade dividida entre pessoas com apartadas visões de mundo. Para tanto, no âmbito político, a arena deliberativa deve ser organizada com lugar para a alteridade. Disso decorre que a tolerância envolve uma espécie de paciência para com o(s) diferente(s).

---

[245] KATZNELSON, Ira. A form of liberty and indulgence: tolerance as a layered institution. *In*: STEPAN, Alfred; TAYLOR, Charles. *Boundaries of toleration*. New York: Columbia University Press, 2014. p. 39.

[246] KATZNELSON, Ira. A form of liberty and indulgence: tolerance as a layered institution. *In*: STEPAN, Alfred; TAYLOR, Charles. *Boundaries of toleration*. New York: Columbia University Press, 2014. p. 40.

Katznelson aduz que a tolerância não conflita com a capacidade de rejeitar a intolerância.[247] Reconhece, ademais, a existência de contingências históricas nas situações que demandam tolerância. Esta pode ser interpretada como um ato de abnegação, por exemplo, de um grupo A que decide não fazer mal a um grupo B, mesmo tendo o poder para fazê-lo. Igualmente, a tolerância pode se apresentar como uma categoria interrogativa na qual as pessoas irão questionar aquilo que deve ser feito em casos distintos. As questões a respeito da tolerância foram, reitere-se, levadas do campo religioso para o político. A tolerância foi elasticida, tornando-se mais ampla e profunda, assumindo a configuração de uma virtude moral. Sob esta roupagem foi levada, ainda que de modo implícito, à esfera jurídica, como pode ser observado em diferentes documentos normativos, inclusive a nossa Lei Fundamental.

    É importante diferenciar tolerância (religiosa ou secular) da simples indulgência. Enquanto a tolerância se apresenta como um ato de vontade, uma decisão de considerar o outro, a indulgência diz respeito a uma circunstância limitada na qual o diferente é aceito momentaneamente, sendo-lhe permitido, por exemplo, apenas o acesso a certa condição valiosa ou a uma ajuda humanitária, não implicando a ampla possibilidade de acesso aos direitos e ao pertencimento (no sentido de cidadania) à comunidade.

    Por tal razão, a falta de consideração e respeito pelos diferentes modos de vida na comunidade constitui um sério problema. Neste caso, importa considerar alguma dose de multiculturalismo para remediá-lo.

---

[247] KATZNELSON, Ira. A form of liberty and indulgence: tolerance as a layered institution. In: STEPAN, Alfred; TAYLOR, Charles. Boundaries of toleration. New York: Columbia University Press, 2014. p. 41.

Nas culturas ocidentais, a tolerância passou a se confundir com a liberdade de consciência, tanto que na Constituição Federal (art. 5º, VI) a liberdade de crença aparece ao lado daquela outra. Na sequência, aparece a vedação da privação de direitos em razão de crença religiosa (art. 5º, VIII). Nesse sentido afirmou Barroso: "Creio, por fim, na tolerância. O mundo é marcado pelo pluralismo e pela diversidade: racial, sexual, religiosa, política. A verdade não tem dono nem existe uma fórmula única para a vida boa".[248]

Will Kymlicka explana que, para além do modelo baseado na liberdade de consciência, há uma segunda perspectiva de tolerância que se funda na ideia de direitos dos grupos, ao invés da liberdade individual.[249] A ideia de direitos de grupos se converteu em questão latente em várias democracias pelo fato de que grupos étnicos ou religiosos passaram a demandar o poder de restringir a liberdade dos próprios integrantes como meio de preservação de suas práticas tradicionais.[250]

O problema, nesses casos, reside na ambivalência; por um lado, os grupos buscam proteção contra eventuais opressões externas e a continuidade de suas práticas e, por outro lado, querem autonomia para a repressão do dissenso interno.[251] Como resolver este problema? Desde a mirada liberal, cumpre tutelar os direitos fundamentais dos membros do grupo, ainda que contra o próprio coletivo. Fala-se, aqui,

---

[248] BARROSO, Luís Roberto. Bem, justiça e tolerância. *Folha de S.Paulo*, 26 jun. 2013. Disponível em: https://m.folha.uol.com.br/opiniao/2013/06/1301377-luis-roberto-barroso-bem-justica-e-tolerancia.shtml?origin=folha. Acesso em: 14 maio 2021.

[249] KYMLICKA, Will. Two models of pluralism and tolerance. *Analyse & Kritik*, n. 13, 1992. p. 34.

[250] KYMLICKA, Will. Two models of pluralism and tolerance. *Analyse & Kritik*, n. 13, 1992. p. 39.

[251] KYMLICKA, Will. Two models of pluralism and tolerance. *Analyse & Kritik*, n. 13, 1992. p. 39.

inclusive, do direito à educação para o compartilhamento de valores, o conhecimento de diferentes opiniões, culturas, histórias, religiões e sociedades, bem como para o desenvolvimento da capacidade de reflexão crítica sobre a realidade. Importa, também, o direito à liberdade de expressão e de informação, a circulação de conhecimentos plurais em uma sociedade democrática que, ao lado do direito fundamental à educação, capacita as pessoas à tomada de decisões sobre os múltiplos âmbitos da vida e, mesmo, sobre os modos de existir e coexistir almejados.

Não causa espécie perceber que esses direitos fundamentais, violados sistematicamente nos países autoritários, são relevantíssimos nas situações de emergência dos arroubos antidemocráticos que, infelizmente, costumam aflorar, de tempos em tempos, não apenas neste hemisfério. Garantir acesso à informação possibilita que as pessoas revisem os seus modos de vida e reflitam sobre eles, ao passo que garantir educação adequada para todos permite que as pessoas aprendam a julgar, a decidir e a buscar os meios para a proteção dos seus direitos.

Esses aspectos da sociedade liberal fazem ainda mais sentido, segundo Kymlicka, quando assumido o interesse não apenas de buscar uma concepção de bem, mas, igualmente, de avaliar e revisar tal concepção.[252] Ora, nem sempre os objetivos de vida traçados merecem continuidade; as periódicas avaliação e revisão dos planos de vida demandam a realização de julgamentos informados sobre aquilo que, dos pontos de vista pessoal e comunitário, realmente vale a pena.

---

[252] KYMLICKA, Will. Two models of pluralism and tolerance. *Analyse & Kritik*, n. 13, 1992. p. 43.

A tolerância não busca assumir o sentido de valor absoluto. Ela se apresenta em potencial competição com os demais valores compartilhados pelos membros da sociedade democrática. Pode, por outro lado, o que deve ser prevenido, se retrair diante de manifestações profundamente aversivas ou da urdidura de medos e inseguranças.

Assevera Katznelson que quando a tolerância é recíproca ela pode promover uma verdadeira heterogeneidade cultural, social e política, servindo como incentivo ao florescimento de formas de respeito e reconhecimento mais amplas e acolhedoras; a tolerância abre caminhos que conduzem a mais de uma direção.[253]

4 Limites

Jürgen Habermas lembra que o termo *toleranz*, tardiamente incorporado à língua alemã, foi emprestado do latim e do francês nos séculos XVI e XVII. O sentido estava vinculado exclusivamente à religião, aparecendo, no período referido, o primeiro delineamento do tratamento jurídico.[254] O termo *toleranz* é, hoje, utilizado no alemão para a disposição de tratar os outros com generosidade e para a virtude política de lidar com a diferença.[255] Cabe considerar, também, a questão da possibilidade de aproximação conceitual entre a base universalista do direito à liberdade religiosa e os fundamentos normativos do Estado de direito pautado pela democracia e pelos direitos

---

[253] KATZNELSON, Ira. A form of liberty and indulgence: tolerance as a layered institution. *In*: STEPAN, Alfred; TAYLOR, Charles. *Boundaries of toleration*. New York: Columbia University Press, 2014. p. 45.
[254] HABERMAS, Jürgen. Intolerance and discrimination. *International Journal of Constitutional Law*, Oxford, v. 1, n. 1. 2003. p. 2.
[255] HABERMAS, Jürgen. Intolerance and discrimination. *International Journal of Constitutional Law*, Oxford, v. 1, n. 1. 2003. p. 3.

fundamentais.²⁵⁶ O referido modelo de Estado confere ao Poder Judiciário competência para censurar os abusos da ordem teocrática que vulneram as liberdades democráticas. Nesse prisma, a tolerância busca a preservação da comunidade política plural, evitando, portanto, a sua fragmentação em razão das distintas visões de mundo. Bem por isto, sendo reconhecida a importância da religião como fonte dos valores e elemento da cultura de um povo, a separação entre Estado e religião proposta por Locke não deve ser rompida.

A tolerância se exerce em sintonia com o princípio democrático da laicidade, devendo o Estado ser guiado pela imparcialidade, pela prudência e pela conservação da ordem constitucional.²⁵⁷ As práticas intolerantes são, reitere-se, inconciliáveis com o Estado de direito. Manifestações fundamentalistas e interpretações do mundo que demandam exclusividade para um modo de vida privilegiado conflitam com a ordem constitucional democrática, reclamando consciência a respeito da falibilidade da pretensão.²⁵⁸

O processo democrático possui abertura para abranger a coexistência de direitos iguais para grupos étnicos e formas de vida específicos. Nesse sentido: "A identidade do indivíduo está entretecida com identidades coletivas e só pode se estabilizar em uma rede cultural que, do mesmo modo que a própria língua materna, não pode ser adquirida como uma propriedade privada".²⁵⁹ Portanto, a proteção almejada por

---

[256] HABERMAS, Jürgen. *Entre naturalismo e religião*: estudos filosóficos. Rio de Janeiro: Tempo Brasileiro, 2007. p. 282.
[257] HABERMAS, Jürgen. *Entre naturalismo e religião*: estudos filosóficos. Rio de Janeiro: Tempo Brasileiro, 2007.
[258] HABERMAS, Jürgen. *A inclusão do outro*: estudos de teoria política. São Paulo: Editora Unesp, 2018. p. 373.
[259] HABERMAS, Jürgen. *A inclusão do outro*: estudos de teoria política. São Paulo: Editora Unesp, 2018. p. 368.

formas de vida e tradições que constituem a identidade das pessoas deveria ter por finalidade o reconhecimento de seus membros e não ter o sentido de uma "proteção administrativa das espécies".[260]

Por isso, a democracia se apresenta como a possibilidade de articulação do convívio entre diferentes em sociedades heterogêneas. A tolerância deve ser estabelecida em uma sociedade democrática que garanta a todos igual consideração e respeito, diria Dworkin.

Em sua conceitualização normativa do Estado, Habermas sustenta que a formação democrática das opiniões e vontades é resultante de deliberações tomadas na arena política, mas, para que isso ocorra de maneira adequada, cumpriria satisfazer as condições de comunicação necessárias para o processo político e considerar a "multiplicidade de formas de comunicação"[261] voltadas à construção da vontade comum.[262] A pluralidade pode ser produzida dentro do Estado democrático e caminha lado a lado com a tolerância religiosa; ambas favorecem a multiplicidade de formas de vida e de comunicação.

Nesse âmbito, a tolerância assume a função de "negociação" do conflito entre reivindicações de "verdades" opostas, ou seja, ela se faz necessária quando ocorrentes a rejeição das

---

[260] HABERMAS, Jürgen. *A inclusão do outro*: estudos de teoria política. São Paulo: Editora Unesp, 2018. p. 370.

[261] HABERMAS, Jürgen. *A inclusão do outro*: estudos de teoria política. São Paulo: Editora Unesp, 2018. p. 408.

[262] "Esse procedimento democrático estabelece uma relação interna entre negociações, discursos de autocompreensão e discursos de justiça e fundamenta a suposição de que sob tais condições são alcançados resultados racionais e equitativos. Com isso, a razão prática se desloca dos direitos humanos universais ou da eticidade concreta de uma determinada comunidade para situar-se naquelas regras discursivas e formas de argumentação que retiram seu teor normativo da base de validade da ação orientada ao entendimento, e, em última instância, da estrutura da comunicação linguística" (HABERMAS, Jürgen. *A inclusão do outro*: estudos de teoria política. São Paulo: Editora Unesp, 2018. p. 410).

convicções alheias e a aparição de conflito cognitivo entre crenças e atitudes.[263] A tolerância, por isso, não pode ser confundida com a indiferença. É preciso considerar, ademais, que a resposta adequada para a intolerância não é mais tolerância, mas a luta por direitos iguais: de uma manifestação racista não se espera simplesmente que seja tolerada, mas que o racista supere seus preconceitos e responda pelos seus atos.

Nos termos do pensamento de Habermas, a primeira direção a merecer consideração é a inclusão de todos os cidadãos na comunidade política. Sem a inclusão de todos não é possível esperar tolerância de uns para com os outros. Logo, a proibição da discriminação fornece razões morais e constitucionais para a tolerância.[264] Ademais, é necessário traçar uma linha para demarcar aquilo que não pode ser tolerado; contudo, isso não pode se dar de forma arbitrária sob pena de produção de um paradoxo. A deliberação política é a via que permite a construção de normas legítimas e aceitáveis por todos os envolvidos na arena deliberativa e ela, também, é útil para a definição dos limites da tolerância.

Imagina-se que o aumento da complexidade de determinada comunidade política redunde na expansão das diferentes formas de vida das pessoas. Pode-se observar o afastamento das teorias que apregoam uma (questionável) ideia de totalidade estruturada por (pequenas ou grandes) partes, como o *Leviatã* de Hobbes.[265] No entendimento de Habermas, o mundo da vida se organiza como uma rede de ações comunicativas propagadas em determinados espaços e tempos específicos e

---

[263] HABERMAS, Jürgen. Intolerance and discrimination. *International Journal of Constitutional Law*, Oxford, v. 1, n. 1. 2003. p. 3.
[264] HABERMAS, Jürgen. Intolerance and discrimination. *International Journal of Constitutional Law*, Oxford, v. 1, n. 1. 2003. p. 3-4.
[265] HOBBES, Thomas. *Leviatã, ou, A matéria, forma e poder de um estado eclesiástico e civil*. São Paulo: Ícone, 2000.

nutridas por aspectos das tradições culturais mas, também, das identidades das pessoas que fazem parte da sociedade: "Os indivíduos socializados não conseguiriam afirmar-se na qualidade de sujeitos se não encontrassem apoio nas condições de reconhecimento recíproco, articuladas nas tradições culturais e estabilizadas em ordens legítimas e vice-versa".[266]

Aqui, afirma Barroso: "verdade não tem dono",[267] ou seja, as "doutrinas compreensivas",[268] que afirmam possuir autoridade para estruturar uma forma de vida em sua integralidade, tal como apregoado por determinadas religiões, passaram a ser observadas, a partir da laicização estatal, como apenas uma possibilidade de leitura de mundo entre outras tantas possíveis; elas deveriam, de acordo com a perspectiva, abandonar a pretensão de moldar, de maneira compreensiva, os modos de vida de toda a sociedade.[269] A tensão se coloca no fato de que determinadas religiões são intrinsicamente intolerantes em relação a outras manifestações religiosas e formas de percepção do mundo. Ora, a construção de um Estado democrático de direito tem por finalidade a resolução

---

[266] HABERMAS, Jürgen. *Direito e democracia*: entre facticidade e validade. Rio de Janeiro: Tempo brasileiro, 1997. p. 111.

[267] BARROSO, Luís Roberto. Bem, justiça e tolerância. *Folha de S.Paulo*, 26 jun. 2013. Disponível em: https://m.folha.uol.com.br/opiniao/2013/06/1301377-luis-roberto-barroso-bem-justica-e-tolerancia.shtml?origin=folha. Acesso em: 14 maio 2021.

[268] Ver: RAWLS, John. *O liberalismo político*. São Paulo: Ática, 2000.

[269] A respeito do conceito de tolerância no direito, explica Néviton Guedes: "O discurso do direito não desconhece a verdade natural ou a lógica formal, mas é e será sempre mais do que isso. Abre-se com tolerância à possibilidade de desacordos e contenta-se com a verossimilhança. No âmbito do direito, especialmente nos chamados 'casos difíceis', o conhecimento não se impõe por meio de juízos lógicos irrefragáveis, mas apenas convence pela lógica da argumentação. É certo que se sustenta na verdade dos fatos e não desconsidera a lógica formal, mas tem a obrigação de nem sempre parar por aí" (GUEDES, Néviton. Luís Roberto Barroso e a tolerância no direito. *Conjur*, 27 maio 2013. Disponível em: https://www.conjur.com.br/2013-mai-27/constituicao-poder-luis-roberto-barroso-tolerancia-direito. Acesso em: 27 nov. 2019).

dos conflitos através da mediação argumentativa conduzida por instituições democráticas e não pelo uso da violência.

Não se ignora que, no âmbito das relações humanas concretas, aquilo que prevalece é, muitas vezes, de fato, a intolerância, a agressão e o ódio. A presente discussão não se volta para tais domínios, ainda que eles possam figurar no plano de fundo da discussão. Aqui, a preocupação reside na definição dos limites de atuação do Estado e das pessoas no âmbito normativo, ou seja, quais deveriam ser os meios adequados para a estabilização de expectativas e a mediação de conflitos em uma sociedade caracterizada não pelo medo e a destruição, mas pela legítima ordem constitucional, nela compreendidos os direitos fundamentais e a democracia como vetores principais das relações intersubjetivas.[270]

Habermas reconhece que preferências antagônicas nem sempre serão desarmadas no plano discursivo, bastando observar que, em certos tópicos, os interesses controvertidos estão conectados com a própria forma como a coletividade se compreende: "[...] colocam-se na perspectiva de membros que procuram obter clareza sobre a forma de vida que estão compartilhando e sobre os ideais que orientam seus projetos comuns de vida".[271] Ora, a tensão entre a identidade individual e a coletiva se constitui da seguinte maneira: por um lado as pessoas se identificam com uma coletividade e fazem parte do "nós"; por outro, suas vidas não são resumidas à sua identidade comunitária, tanto que podem mudar de religião, de país, de cultura, de gênero, de emprego, de família etc. Nos termos da lição de Habermas: "O modo como nós nos

---

[270] LORENZETTO, Bruno Meneses. *Os caminhos do constitucionalismo para a democracia*. Belo Horizonte: Arraes, 2017.
[271] HABERMAS, Jürgen. *Direito e democracia*: entre facticidade e validade. Rio de Janeiro: Tempo brasileiro, 1997. p. 201.

apropriamos das tradições e formas de vida nas quais nascemos e como as continuamos seletivamente decide sobre quem nós somos e queremos ser enquanto cidadãos".[272] A cultura não é algo estanque e as identidades articuladas e projetadas por ela também não o são.

Entre a fluidez e a estabilização dos valores éticos, questão importante diz respeito aos limites da tolerância. Ela deflui da controvérsia sobre a demarcação dos critérios que servem para sua determinação. Para Rainer Forst, a tolerância pressupõe reciprocidade, só podendo ser demandada em face de pessoas tolerantes.[273] Questiona-se, para tanto, onde reside o início da tolerância? Aqui jaz um potencial perigo, o esvaziamento de sentido do conceito poderia conduzir à conclusão de que qualquer tentativa que busque sua concretização poderia constituir, ela própria, uma intolerância.[274] Neste ponto, argumenta Forst que a crítica da intolerância não deve ser compreendida como outra forma de intolerância.[275]

Para Forst, a tolerância (*toleration*) como prática é distinta da tolerância (*tolerance*) como virtude.[276] A tolerância se articula como uma demanda por justiça, seu inverso constitui uma forma específica de injustiça.[277] Considere-se, por outro lado,

---

[272] HABERMAS, Jürgen. *Direito e democracia*: entre facticidade e validade. Rio de Janeiro: Tempo brasileiro, 1997. p. 201.

[273] FORST, Rainer. Os limites da tolerância. *Novos Estudos – Cebrap*, n. 84, 2009. p. 16. Disponível em: http://dx.doi.org/10.1590/S0101-33002009000200002.

[274] "That is why although I spend a great deal of time demonstrating how liberal theorists are always performing the exclusionary acts for which they stigmatize others, I do not fault them for so performing, but for thinking and claiming to be doing something else" (FISH, Stanley. Mission impossible: settling the just bounds between church and State. *Columbia Law Review*, v. 97, n. 8, 1997. p. 2256-2257).

[275] FORST, Rainer. Os limites da tolerância. *Novos Estudos – Cebrap*, n. 84, 2009. p. 18. Disponível em: http://dx.doi.org/10.1590/S0101-33002009000200002.

[276] FORST, Rainer. Os limites da tolerância. *Novos Estudos – Cebrap*, n. 84, 2009. p. 19-20. Disponível em: http://dx.doi.org/10.1590/S0101-33002009000200002.

[277] FORST, Rainer. Os limites da tolerância. *Novos Estudos – Cebrap*, n. 84, 2009. p. 22. Disponível em: http://dx.doi.org/10.1590/S0101-33002009000200002.

que a tolerância pode ser lacunosa e insuficiente. Se ela é o ponto de partida axiológico para uma sociedade que se almeja aberta e plural, tolerar alteridades sem reconhecer a posição de igualdade cidadã e de usufruto de direitos é muito pouco. Considere-se a situação das vítimas de ações intolerantes de grupos reacionários visando à exclusão de determinadas minorias da sociedade. Aqui, uma linha deve ser riscada, implicando, segundo Forst, uma prática de justiça: aqueles que cruzam a linha não podem demandar tolerância.[278]

5 Considerações finais

Os tempos de tempestade demandam respostas, recolocar as relações sociais nos devidos trilhos, denunciar que o estado das coisas na Dinamarca ou no Brasil está "fora da ordem" e, também, apontar alguma alternativa para o futuro. Uma foi apresentada: a rememoração e reafirmação da tolerância como valor demandante de consideração. A confusão política e as manifestações que buscam deslocar a centralidade das instituições e da mediação virtuosa das relações entre o povo e os governantes merecem repúdio.

O contexto agora experimentado é violento e confuso. Neste caso, a tolerância é (não *a*, mas) *uma* luz no meio da tormenta. Ela impede que os diferentes sejam agredidos, reclama alteridade e, em forma ampliada, estimula a pluralidade e o pluralismo que contribuem para o enriquecimento epistemológico da democracia. Diante dos vários caminhos possíveis, cumpre reiterar os termos da melhor filosofia lembrados por Barroso: "não existe uma fórmula única para

---

[278] FORST, Rainer. Os limites da tolerância. *Novos Estudos – Cebrap*, n. 84, 2009. p. 27. Disponível em: http://dx.doi.org/10.1590/S0101-33002009000200002.

a vida boa".²⁷⁹ Há apenas decisões parciais sobre como viver, importando sempre a possibilidade e responsabilidade de refletir e revisar os nossos modos de vida; daí a importância transcendente dos canais institucionais abertos com os quais se pode contar para, com liberdade, agir, errar, aprender com os erros e seguir em frente.

Referências

BARROSO, Luís Roberto. Bem, justiça e tolerância. *Folha de S.Paulo*, 26 jun. 2013. Disponível em: https://m.folha.uol.com.br/opiniao/2013/06/1301377-luis-roberto-barroso-bem-justica-e-tolerancia.shtml?origin=folha. Acesso em: 14 maio 2021.

BARROSO, Luís Roberto. *Curso de direito constitucional contemporâneo*: os conceitos fundamentais e a construção do novo modelo. 6. ed. São Paulo: Saraiva, 2017.

BAYLE, Pierre. *A philosophical commentary on these words of the gospel, Luke 14.23, 'Compel Them to Come In, That My House May Be Full'*. Indianapolis: Liberty Fund, 2005.

FISH, Stanley. Mission impossible: settling the just bounds between church and State. *Columbia Law Review*, v. 97, n. 8, 1997.

FORST, Rainer. Os limites da tolerância. *Novos Estudos – Cebrap*, n. 84, 2009. Disponível em: http://dx.doi.org/10.1590/S0101-33002009000200002.

FREITAS, Lucas Jorge de. *Estudo da construção do ethos retórico donatista e suas implicações no cristianismo africano do século IV e V*. Dissertação (Mestrado) – Universidade de São Paulo, São Paulo, 2013.

GUEDES, Néviton. Luís Roberto Barroso e a tolerância no direito. *Conjur*, 27 maio 2013. Disponível em: https://www.conjur.com.br/2013-mai-27/constituicao-poder-luis-roberto-barroso-tolerancia-direito. Acesso em: 27 nov. 2019.

---

279 BARROSO, Luís Roberto. Bem, justiça e tolerância. *Folha de S.Paulo*, 26 jun. 2013. Disponível em: https://m.folha.uol.com.br/opiniao/2013/06/1301377-luis-roberto-barroso-bem-justica-e-tolerancia.shtml?origin=folha. Acesso em: 14 maio 2021.

HABERMAS, Jürgen. *A inclusão do outro*: estudos de teoria política. São Paulo: Editora Unesp, 2018.

HABERMAS, Jürgen. *Direito e democracia*: entre facticidade e validade. Rio de Janeiro: Tempo brasileiro, 1997.

HABERMAS, Jürgen. *Entre naturalismo e religião*: estudos filosóficos. Rio de Janeiro: Tempo Brasileiro, 2007.

HABERMAS, Jürgen. Intolerance and discrimination. *International Journal of Constitutional Law*, Oxford, v. 1, n. 1. 2003.

HOBBES, Thomas. *Leviatã, ou, A matéria, forma e poder de um estado eclesiástico e civil*. São Paulo: Ícone, 2000.

KATZNELSON, Ira. A form of liberty and indulgence: tolerance as a layered institution. *In*: STEPAN, Alfred; TAYLOR, Charles. *Boundaries of toleration*. New York: Columbia University Press, 2014.

KYMLICKA, Will. Two models of pluralism and tolerance. *Analyse & Kritik*, n. 13, 1992.

LOCKE, John. *A letter concerning toleration and other writings*. Indianapolis: Liberty Fund, 2010.

LORENZETTO, Bruno Meneses. *Os caminhos do constitucionalismo para a democracia*. Belo Horizonte: Arraes, 2017.

MAALOUF, Amin. *O mundo em desajuste*: quando nossas civilizações se esgotam. Tradução de Jorge Bastos. Rio de Janeiro: Difel, 2011.

RAWLS, John. *O liberalismo político*. São Paulo: Ática, 2000.

SHKLAR, Judith. The liberalism of fear. *In*: ROSENBLUM, Nancy L. *Liberalism and the moral life*. Cambridge: Harvard University Press, 1989.

SNYDER, Thimothy. *Sobre a tirania*: vinte lições do século XX para o presente. São Paulo: Companhia das Letras, 2017.

STANLEY, Jason. *Como funciona o fascismo*: a política do "nós" e "eles". Porto Alegre: L&PM, 2018.

VIEIRA, Oscar Vilhena. A Constituição como reserva de justiça. *Lua Nova*, n. 42, p. 53-97, 1997.

ÍNDICE ONOMÁSTICO

A

Abranches, Sérgio 38, 43, 122, 133
Ackerman, Bruce 35, 43, 123, 124, 133, 134
Albright, Madeleine 114, 130, 133
Almeida, Guilherme da Franca Couto Fernandes de 27, 45
Amado, Gilberto 132, 133
Arendt, Hannah 67, 68, 69, 76, 77, 115, 133
Arguelhes, Diego Werneck 27, 45

B

Barboza, Estefânia Maria Queiroz 36, 43, 114, 133
Barcellos, Ana Paula de 31, 43
Barroso, Luís Roberto 18, 28, 36, 41, 43, 55, 76, 114, 124,
131, 133, 140, 144, 150, 156, 159, 160
Bayle, Pierre 141, 144, 145, 146, 147, 160
Bickel, Alexander 13, 43, 87, 109
Biroli, Flávia 36, 43
Brandão, Rodrigo 72, 76
Bustamante, Thomas da Rosa 123, 133

C

Canotilho, José Joaquim Gomes 28, 43, 65, 76
Castignone, Silvana 15, 43
Clayton, Cornell W. 89, 102, 103, 104, 105, 106, 107, 109, 110
Clève, Clèmerson Merlin 28, 39, 43, 53, 55, 76, 99, 109
Corbo, Wallace 123, 133

Coutinho, Jacinto Nelson de Miranda 39, 43
Currie, David P. 84, 109

D

Dahl, Robert A. 79, 87, 88, 89, 90, 91, 99, 100, 101, 104, 109, 128, 134
Diniz, Debora 36, 44
Dworkin, Ronald M. 14, 15, 28, 44, 67, 76, 126, 134, 154

E

Elster, Jon 92, 93, 94, 95, 109, 110
Epstein, Lee 90, 91, 97, 98, 109, 110
Eskridge Jr., William N. 98, 99, 100, 110

F

Favoreu, Louis 52, 76
Ferejohn, John 96, 97, 110
Ferrajoli, Luigi 116, 132, 134
Fish, Stanley 158, 160
Fonseca, Juliana Pondé 53, 76
Fonteles, Samuel Sales 38, 44
Forst, Rainer 158, 159, 160
Freitas, Lucas Jorge de 145, 160
Friedman, Barry 55, 76

G

Gadamer, Hans-Georg 16, 44
Galvão, Jorge Octávio 123, 134
Gambino, Lauren 23, 44
Gargarella, Roberto 31, 44, 121, 134
Gillman, Howard 105, 106, 107, 110
Ginsburg, Tom 116, 121, 134

Glezer, Rubens..26, 41, 44
Graber, Mark...61, 72, 73, 76
Grau, Eros Roberto...15, 16, 40, 44
Greenhouse, Linda..88, 110
Guastini, Riccardo...15, 43, 44
Guedes, Néviton..156, 160
Gugliano, Monica..117, 134

H
Habermas, Jürgen........................152, 153, 154, 155, 156, 157, 158, 161
Hamilton, Alexander...51, 68, 77, 84
Hart, Herbert Lionel Adolphus..14, 45
Henderson, Matthew Todd..25, 45
Hesse, Konrad..28, 45
Hirschl, Ran..52, 53, 54, 56, 57, 60, 62, 77
Hobbes, Thomas..141, 155, 161
Hochschild, Adam...26, 45
Hulse, Carl..23, 46
Huq, Aziz Z..116, 134

J
Jay, John..51, 68, 77

K
Katznelson, Ira...147, 148, 149, 152, 161
Kelsen, Hans..65, 66, 77
Kennedy, Duncan...96, 110
Klarman, Michael J..88, 110
Knight, Jack...90, 91, 97, 98, 109, 110
Kornhauser, Lewis A. 94, 110
Kozicki, Katya..41, 47, 94, 110

Kronka, Bruno Ávila Fontoura 66, 77
Kuhn, Thomas S. 17, 45
Kymlicka, Will 150, 151, 161

L

Landau, David 20, 33, 34, 45, 114, 134
Levitsky, Steven 20, 45, 114, 134
Lima, George Marmelstein 99, 100, 110
Locke, John 141, 142, 143, 144, 146, 153, 161
Loewenstein, Karl 20, 45
Lorenzetto, Bruno Meneses 39, 43, 53, 55, 76, 94, 99, 109, 110, 157, 161

M

Maalouf, Amin 138, 161
Madison, James 11, 51, 66, 68, 77, 79, 80, 81, 82, 84, 85, 93, 110
Marinoni, Luiz Guilherme 25, 26, 45
Martel, Letícia de Campos Velho 36, 43, 45
Martin, Andrew D. 90, 91, 110
Maurice, Duverger 129, 134
Mello, Patrícia Perrone Campos 25, 45
Mendes, Conrado 25, 45
Müller, Friedrich 15, 45

N

Novais, Jorge Reis 125, 134
Novak, Stéphanie 94, 110

O

Olken, Samuel 84, 85, 110

P

Paixão, Cristiano 82, 110
Pansieri, Flávio 39, 43
Pereira, Thomaz 27, 45
Pontes, João Gabriel Madeira 20, 46, 123, 133
Popper, Karl R. 115, 134
Post, Robert C. 38, 46, 58, 59, 74, 75, 77

R

Rawls, John 34, 35, 46, 156, 161
Robalinho, Ana Beatriz 123, 134
Robl Filho, Ilton Norberto 114, 133
Rousseau, Dominique 130, 134

S

Sacchetto, Thiago Coelho 22, 46
Sager, Lawrence G. 94, 95, 110
Santiago Nino, Carlos 9, 121, 134
Sarlet, Ingo Wolfgang 24, 39, 43
Sarmento, Daniel 20, 46
Schmitt, Carl 66, 77
Schumpeter, Joseph A. 115, 134
Schwarz, Roberto 35, 46
Segal, Jeffrey A. 102, 111
Shear, Michael D. 23, 46
Shklar, Judith 140, 141, 142, 161
Siegel, Reva B. 38, 46, 58, 59, 74, 75, 77, 88, 110
Silva, José Afonso da 22, 46
Snyder, Thimothy 139, 161
Souza Neto, Cláudio Pereira de 20, 46
Stanley, Jason 114, 135, 139, 161

Stone, Geoffrey 81, 111
Streck, Lenio Luiz 19, 39, 41, 43, 47
Sunstein, Cass 25, 38, 47, 73, 77

T
Tarello, Giovanni 15, 43, 47
Teixeira, Matheus 27, 47
Thiel, Markus 20, 47

V
Van Der Broocke, Bianca Schneider 41, 47
Vecchiatti, Paulo Roberto Iotti 40, 47
Vieira, Oscar Vilhena 20, 47, 57, 58, 59, 65, 77, 132, 135, 139, 161

W
Waldron, Jeremy 69, 77
Whittington, Keith 23, 70, 71, 77

Z
Ziblatt, Daniel 20, 45, 114, 134

Esta obra foi composta em fonte Palatino Linotype, corpo 10
e impressa em papel Pólen Bold 70g (miolo) e Supremo 250g (capa)
pela Gráfica Paulinelli, em Belo Horizonte/MG.